Olivier Pastré et Michel Vigier

AF860946

Le capitalisme déboussolé

Après Enron et Vivendi :
soixante réformes
pour un nouveau gouvernement d'entreprise

ÉDITIONS LA DÉCOUVERTE
9 *bis*, rue Abel-Hovelacque
PARIS XIIIe
2003

Dédouanements

Ce livre a bien été écrit par les deux auteurs dont le nom figure sur la couverture. Il n'aurait probablement pas été fondamentalement autre sans tous les concours dont nous avons bénéficié, mais il aurait sûrement été moins bon.

À ce titre, que Michel Castel, Sylvain de Forges, Jean-Claude Delespaul, Éric Le Boucher, Alain Maurin, Christian Schlumberger et Yves Ullmo, qui ont si gentiment « mis en pièces » notre manuscrit original, soient ici remerciés. Et que Christine Lhomond et Josiane Pencolé soient bénies à jamais pour leur abnégation dactylographique.

Toutefois, plus que jamais, sur un thème aussi brûlant, la formule selon laquelle les auteurs prennent à leur charge toutes les scories qui subsistent est nécessaire.

Catalogage Électre-Bibliographie

PASTRÉ Olivier * VIGIER Michel.
Le capitalisme déboussolé : après Enron et Vivendi, soixante réformes pour un nouveau gouvernement d'entreprise – Paris : La Découverte, 2003. – (Cahiers libres)
ISBN 2-7071-3939-4

Rameau :	mondialisation (économie politique)
	gestion financière
Dewey :	332 : Économie financière
Public concerné :	Tout public

En application des articles L. 122-10 à L. 122-12 du Code de la propriété intellectuelle, toute reproduction à usage collectif par photocopie, intégralement ou partiellement, du présent ouvrage est interdite sans autorisation du Centre français d'exploitation du droit de copie (CFC, 20, rue des Grands-Augustins, 75006 Paris). Toute autre forme de reproduction, intégrale ou partielle, est également interdite sans autorisation de l'éditeur.

Si vous désirez être tenu régulièrement informé de nos parutions, il vous suffit d'envoyer vos nom et adresse aux Éditions La Découverte, 9 *bis*, rue Abel-Hovelacque, 75013 Paris. Vous recevrez gratuitement notre bulletin trimestriel ***À La Découverte***. Vous pouvez également nous contacter sur notre site **www.editionsladecouverte.fr**.

© Éditions La Découverte, Paris, 2003.

Introduction

« La vérité est la chose la plus précieuse que nous ayons. Économisons-là. »

Mark TWAIN

L'histoire est désormais bien connue mais mérite d'être rappelée. Un superbe 4 × 4 roule dans la campagne grecque. Au tournant d'une colline, la voiture est arrêtée par un troupeau de moutons qui traverse la route. En sort un jeune homme habillé comme le sont les *golden boys* quand ils veulent « faire campagne ». Il se dirige vers le berger : « Accepteriez-vous de faire un pari avec moi ? Si je vous dis combien votre troupeau comporte de moutons, m'en donnerez-vous un ? » Le berger, surpris, accepte le pari. Le jeune homme retourne dans sa voiture, pianote quelques minutes sur son ordinateur puis revient : « Vous avez six cent quatre-vingt-treize moutons. »

Le berger marque un temps d'arrêt puis reconnaît la parfaite exactitude de l'estimation. À regret : « Servez-vous, prenez un mouton. » Pendant que le jeune homme s'éloigne pour mettre l'animal dans le coffre de sa voiture, il l'apostrophe : « Me donneriez-vous une chance de prendre ma revanche ?

— Bien sûr.

— Si je devine quel est votre employeur, me rendrez-vous mon mouton ?

— Pourquoi pas ? »

Le berger réfléchit, puis fait mine d'avoir une illumination : « Vous êtes auditeur chez Arthur Andersen* [1]. » Le jeune homme reste estomaqué, puis se reprend : « Comment avez-vous pu deviner ?

— Oh, c'est assez simple. D'abord, vous venez me voir alors que je ne vous ai rien demandé. Ensuite, vous demandez à être payé pour répondre à une question dont je connais parfaitement la réponse. Enfin, et surtout, vous ne connaissez vraiment rien à mon métier. Vous voyez ? Maintenant, si cela ne vous dérange pas trop, pouvez-vous me rendre… mon chien ? »

La seconde histoire, vraie celle-là, est moins connue mais tout aussi révélatrice. Elle concerne le scandale Enron*. Fin juillet 2002, le magazine *Times* est allé interroger quelques représentants de l'Amérique d'« en bas » sur les conséquences de ce scandale. Parmi les interviews recueillies, l'aveu d'un ex-dealer de drogue de Seattle est la plus parlante : « Si j'avais menti aussi effrontément que ces patrons, j'aurais perdu tous mes clients ! »

Quelles belles leçons de morale. Et pourtant…

---

1. Voir glossaire à la fin de l'ouvrage, p. 213 : par la suite, chaque première occurrence d'un mot figurant dans ce glossaire est suivie d'un astérisque.

Le capitalisme en goguette

Enron, WorldCom, Tyco, France Télécom, Vivendi Universal, voire l'intouchable General Electric ou Fiat... Tout au long des années 2001 et 2002, chaque semaine s'est allongée la liste des stars boursières sinon déchues, au moins sérieusement bousculées. Les chevilles, qui avaient démesurément enflé, sont apparues bien fragiles, quand elles n'ont pas été irrémédiablement brisées.

Les faits ? Ils sont désormais bien connus et le lecteur en découvrira les arcanes au fil des chapitres de ce livre :

— une dérégulation qui a entraîné la multiplication des entreprises incontrôlables et donc insanctionnables car systématiquement logées dans des paradis fiscaux ;

— des chefs d'entreprise « poussés au crime » par leur *stock-options**, n'hésitant pas à tout surpayer ou à endetter sans limite leur entreprise ;

— des dirigeants d'entreprise qui défont, en passant dans le privé, ce qu'ils avaient construit auparavant quand ils étaient fonctionnaires ;

— des comités d'audit* des comptes des entreprises, supposés indépendants, dont plus de la moitié des membres sont rémunérés par les sociétés qu'ils sont chargés de contrôler ;

— la multiplication des délits d'initiés*, permettant à certains de gagner des millions de dollars en quelques jours ;

— la création de filiales dont on se revend les titres entre dirigeants, avec importantes plus-values à la clef ;

— pire (si tant est que ce soit possible), comme dans le cas d'Enron, la destruction systématique, par certaines entreprises prises en faute, des documents comptables et autres e-mails compromettants ;

— tout cela avec la complicité des prestataires de services des entreprises concernées, au premier rang desquels les commissaires aux comptes qui, après avoir aidé à dissimuler les turpitudes de leurs clients, se mettent eux aussi à détruire les preuves de leur indélicatesse ;

— des banquiers d'affaires qui mélangent allégrement leur rôle de conseil aux épargnants (supposé objectif) et leurs intérêts bien compris de *deal makers* ;

— des comptabilités qui ont perdu tout lien avec le réel, acceptant des chiffres d'affaires virtuels ou, pire, le camouflage des « cadavres » dans les « placards » du hors-bilan* (les comptes annexes au bilan, rarement étudiés à la loupe) ;

— des fonds de pension* prenant tellement de risques que les salariés, qui devraient être, en principe, protégés par ces institutions, perdent à la fois leur emploi et... leur retraite ;

— des entreprises qui font du financement des partis politiques et du *lobbying* un second — et souvent très lucratif — métier ;

— des organismes de tutelle et de régulation qui, non contents de laisser faire, s'emploient dans certains cas, tacitement, à faciliter ces dérives au nom de la libre entreprise.

On tombe des nues. Que s'est-il donc passé ?

La *mergermania* (littéralement « manie des fusions ») des années quatre-vingt-dix témoignait-elle d'un véritable aveuglement collectif ? Et les « survaleurs* » payées à cette occasion pour acheter certaines entreprises étaient-elles le produit d'une hypnose boursière généralisée ? Comment les vedettes du profit, apparemment aussi surendettées que certains smicards, ont-elles réussi à masquer cette « escroquerie » ? Les banquiers d'affaires, les auditeurs, les analystes et les journalistes financiers étaient-ils complices de cette aberrante « exubérance » ? Les conflits d'intérêts ingérables étaient-ils à la fois la règle du jeu et le ferment de tous les dysfonctionnements ? Le modèle américain de *corporate governance** (« gouvernement d'entreprise ») était-il si inefficient et surtout si fragile ?

Manifestement, la mondialisation a des ratés. Ce qui fut stigmatisé par les manifestants de Seattle, Gênes ou Porto Alegre au niveau des grands équilibres (fracture Nord-Sud, spéculation financière internationale débridée, destruction des équilibres écologiques, etc.) peut aussi être disséqué au niveau microéconomique des entreprises.

Rien de plus normal. Quand on découvre que trente des cent premières entités économiques mondiales (pays compris) sont des entreprises et que les profits dégagés en 2001 par la banque d'affaires Goldman Sachs sont supérieurs au PIB d'un pays comme la Tanzanie, on prend conscience que la critique des excès du libéralisme et la recherche de solutions à la crise actuelle passent nécessairement par une réflexion approfondie sur l'entreprise. Or, cette réflexion est aujourd'hui quasi inexistante. Il existe des dizaines de livres sur la taxe Tobin* ou la réforme du FMI, ainsi que des centaines d'articles anecdotiques sur les turpitudes de Ken Lay, le patron d'Enron, ou sur les frasques de Jean-Marie Messier, celui de Vivendi Universal. Mais si peu de chose sur ce que sont devenues les entreprises dans le mouvement général de dérégulation et de mondialisation et, surtout, sur ce qu'il convient de faire pour remettre l'entreprise capitaliste, moteur indispensable de la croissance et de la création de valeur, sur ses rails.

Réformer en profondeur le gouvernement d'entreprise

L'objectif de ce livre est de contribuer à combler ce vide. En 1963, François Bloch-Lainé publiait *Pour une réforme de l'entreprise*, ouvrage mythique qui a aidé la France à sortir du Moyen Âge managérial dans lequel elle se trouvait [2]. La lecture de ce livre devrait être, aujourd'hui, rendue obligatoire dans toutes les universités et dans toutes les écoles de gestion. Certes, les réflexions consacrées à une meilleure articulation de l'entreprise et du Plan paraissent désuètes. Mais, pour le reste, tout est d'une extraordinaire — et, d'un certain

2. François BLOCH-LAINÉ, *Pour une réforme de l'entreprise*, Seuil, Paris, 1963.

point de vue, consternante — actualité : le rôle des actionnaires, l'ambiguïté du statut des conseils d'administration, l'abus de certaines minorités de contrôle, la nécessaire prise en compte des partenaires de l'entreprise (salariés, clients, fournisseurs...), ceux que l'on appelle aujourd'hui, pour faire chic, les *stakeholders**, tout y est.

Sans prétendre rivaliser avec François Bloch-Lainé qui a, directement ou non, influencé toute une génération de patrons, nous voudrions actualiser sa réflexion sur l'entreprise. Ce chantier est doublement prioritaire. Il l'est par l'ampleur de la catastrophe : au cours des huit premiers mois de 2002, quelque 4 000 milliards de dollars de valeur boursière ont été détruits dans le monde, soit presque cinq fois plus que lors du krach de 1987. En moins d'un an, c'est l'équivalent du PNB du Japon qui est passé à la trappe. Et, intuitivement, on est amené à penser que, si la confiance dans l'entreprise n'est pas restaurée, cela continuera. Mais le plus grave est que, collectivement, on n'a rien vu venir. Avant le « krach lent » de 2002, quelques voix s'étaient bien élevées pour dénoncer certaines dérives entrepreneuriales. Mais elles ont été rares et sont restées sans écho.

À l'automne 2002, la communauté financière internationale, les acteurs politiques et les médias des grands pays industrialisés ont commencé à se réveiller, comme après un cauchemar. Si l'on veut éviter sa répétition, il faut agir : il faut réformer *en profondeur* le gouvernement d'entreprise. Et, dans ce domaine, depuis la loi Sarbanes-Oxley* de juillet 2002 (qui a réformé en profondeur les règles américaines du gouvernement d'entreprise), l'Europe, sur un registre de plus, a pris du retard sur les États-Unis. Mais cette réforme n'aura de sens que si l'on respecte scrupuleusement deux présupposés méthodologiques.

Le premier est que l'origine des errements aujourd'hui dénoncés est endogène : il ne s'agit pas d'excès individuels ou de dérives « inexplicables ». De même que les attentats du 11 septembre trouvent, pour partie au moins, leur origine dans les inégalités croissantes qui sont consubstantielles à une dérégulation macroéconomique mal maîtrisée, de même les dérives d'Enron et de ses consœurs s'expliquent par un mode de régulation microéconomique mis en œuvre bien avant la chute du Mur de Berlin.

Tout ce qui a été fait depuis le début des années quatre-vingt-dix en matière de « gouvernement d'entreprise » s'explique ainsi par une dynamique du système capitaliste dont l'origine est à chercher dans la lutte contre l'inflation mise en œuvre au tournant des années quatre-vingt. L'ultralibéralisme a, de ce point de vue, au moins un point commun avec le communisme : celui de nier la réalité concrète de l'entreprise. Or, il faut s'en convaincre aujourd'hui, cette dernière n'est pas un simple pion, qui pourrait être déplacé à la guise de certains intervenants et au gré des *quaterly reports* (comptes trimestriels) sur le volatil échiquier des marchés financiers.

Le second présupposé méthodologique découle du premier. De même qu'il n'y a pas de dysfonctionnement macroéconomique sans origine microéconomique, de même il ne sert à rien de penser la réforme de l'entreprise sans y associer une réflexion et une action au niveau des mécanismes macroéconomiques. Pas de réforme des *stock-options* sans mesure permettant de mieux réguler les marchés financiers. Pas de réforme des métiers d'audit sans redéfinition du rôle et du fonctionnement de la Banque mondiale. Ce qui peut paraître à ce stade comme un « grand écart » méthodologique n'en est pas un : la dérégulation économique a — c'est au moins un de ses mérites — définitivement aboli la frontière entre micro et macroéconomie. Et ainsi fait chuter un second Mur de Berlin, au moins aussi symbolique que l'autre.

Notre objectif (excusez-nous du peu) est de contribuer à redéfinir les règles que le gouvernement d'entreprise devra impérativement respecter pour permettre au mouvement global de dérégulation/mondialisation de porter tous ses fruits sans risquer d'être étouffé par les… pépins. Le lecteur ne nous en voudra pas, nous l'espérons, si, dans cette entreprise, nous observons deux règles qui peuvent paraître archaïques, mais qui nous semblent incontournables.

La première est que nous nous refusons ici à désigner des victimes expiatoires qui seraient responsables de tous nos maux. Ken Lay comme Jean-Marie Messier ou, de manière plus générale, les commissaires aux comptes ou même les marchés financiers ne sont — n'en déplaise aux deux premiers de cette liste — que des pions. Et la réalité de l'entreprise, aujourd'hui, est trop complexe pour que l'explication de ses dysfonctionnements (et donc la définition des voies de son « salut ») puisse être réduite à une réforme unique, quelle qu'elle soit.

C'est pourquoi nous proposons ici… soixante réformes, dont la formulation spécifique est adaptée au contexte réglementaire français (mais dont l'esprit vaut, nous en sommes convaincus, pour tous les autres). Ce dispositif global n'a de sens que pris dans son ensemble. Nous n'ignorons pas qu'il est peu probable qu'il puisse être adopté en l'état, d'un seul coup et à brève échéance. Et qu'il est bien plus vraisemblable, vu la tendance naturelle de nos contemporains au compromis, que seulement tel ou tel sous-ensemble des mesures proposées ici soit un jour étudié en vue d'être mis en œuvre de manière très progressive… Mais nous insistons : c'est la cohérence globale de ces soixante mesures qui garantit l'efficacité de chacune d'elle. À prendre ou à laisser.

L'autre règle que nous nous sommes fixée est de faire preuve d'esprit (sinon de talent) pédagogique. Une bonne partie des ambiguïtés et des dysfonctionnements qui caractérisent le gouvernement d'entreprise aujourd'hui tient, à nos yeux, à la complexification des mécanismes économiques et à leur opacité. Dans ce contexte, décrire et expliquer tiennent lieu d'une thérapie d'urgence, trop souvent méprisée. En explicitant de manière aussi précise que faire se peut ce qui s'est passé, il nous semble possible et même probable d'éclairer ce qui doit, à l'avenir, être fait. Notre modestie, ici, découvre déjà nos ambitions.

I

Les racines du désarroi

1

La dérégulation… déréglée

> « Les lois sont des toiles d'araignées à travers lesquelles passent les grosses mouches et où restent les petites. »
>
> Honoré DE BALZAC

Commençons par le commencement : ne faisons pas d'Enron une brebis galeuse, pour occulter la maladie du troupeau. On a trop glosé sur ce (véritable) scandale et pas suffisamment sur ses causes profondes, qui n'ont rien de microéconomique.

Enron, l'arbre qui cache la forêt

On peut rêver : en 2012, nous rendrons peut-être grâce à Kenneth Lay, l'ex-patron d'Enron, pour les progrès qu'il nous aura permis de faire en matière de gouvernement d'entreprise. Première certitude : Enron est un cas d'école.

Jamais peut-être une faillite d'entreprise n'avait révélé de manière aussi « pédagogique » les dysfonctionnements de l'entreprise « mondialisée ».

En toute première approximation, nous avons relevé vingt-sept dysfonctionnements majeurs à l'origine de cette faillite, dont six tout au plus sont directement imputables aux dirigeants d'Enron. Certains, parmi ces derniers, relèvent, certes, du droit pénal : ainsi en est-il de la destruction de certaines preuves, de l'usage à répétition du « délit d'initiés » (au seul bénéfice des dirigeants, alors que les salariés demeuraient « scotchés » dans leur fonds de pension), ainsi que de certaines transactions intragroupe (revendre 4,5 millions de dollars les titres d'une sous-filiale que l'on a achetés 25 000 dollars quelques mois auparavant, cela fait pour le moins désordre, surtout quand les actifs de cette sous-filiale se révèlent sans valeur). Que la justice fasse, dans ce domaine, son travail.

Mais la plupart des autres reproches que l'on peut faire à Kenneth Lay relèvent de pratiques, hélas ! courantes dans le monde des affaires. Ainsi en est-il de l'« intox » des analystes financiers ou de la rémunération des membres du « comité d'audit » (qui permet de transformer *ipso facto* le juge en partie). Là où le talent des dirigeants d'Enron frisait le génie (et, de ce fait, mérite à la fois l'admiration et la sanction exemplaire), c'est dans la généralisation sur une aussi grande échelle et sur une aussi longue durée de la culture du mensonge. Ce qui renvoie aux dysfonctionnements de l'environnement d'Enron.

Le groupe Enron a, en effet, su « surfer » sur la vague d'une dérégulation bâclée. Dans ce registre, commençons par relativiser ce qui nous semble relever du faux procès. Certes, le financement des partis politiques et, plus généralement, le trafic d'influence se trouvent une fois de plus mis en cause, mais il n'a pas fallu attendre Enron et ses cent lobbyistes attitrés pour arriver à ce constat. Certes, la profession d'auditeur (chargé de la vérification des comptes des entreprises) se trouve, à tout le moins, « interpellée au niveau de son vécu ». Mais, là aussi, à part la destruction de documents, les reproches faits au cabinet Arthur Andersen méritent d'être relativisés.

D'abord, chacun des *big five** (les cinq grands cabinets d'audits mondiaux) traîne derrière lui un certain nombre de « casseroles » (et pas seulement aux États-Unis). Mais, plus important encore, les dérives d'Arthur Andersen trouvent leur source principale dans une logique de concentration de la profession de conseil et d'audit porteuse de toutes les confusions de métiers et donc de tous les risques. Et là, on commence à arriver aux vrais procès. Le cas Enron oblige — et c'est en cela qu'il a un rôle salutaire — à ouvrir quatre grands chantiers de réforme des mécanismes de gouvernement des entreprises « globales ».

Le premier est celui de la dérégulation elle-même. Dérégulation bâclée, a-t-on dit. Mais que dire d'autre quand on constate que le régulateur d'hier (Kenneth Lay était, dans les années soixante-dix, un des responsables de l'Agence américaine de l'énergie) devient, en passant au privé, le plus fin tacticien du contournement réglementaire ? Que dire d'autre quand la dérégulation fait le lit du développement des paradis fiscaux (six cent quatre-vingt-treize filiales d'Enron enregistrées aux îles Caïmans) et donc de toutes les turpitudes citoyennes (aucune imposition sur les bénéfices au cours de quatre des cinq dernières années) ? Que dire d'autre quand la dérégulation conduit inéluctablement à l'« écrémage » des bilans de même qu'à l'augmentation sans contrôle de l'endettement des entreprises ? Que dire d'autre quand la dérégulation conduit à transformer les risques industriels et surtout financiers en un « mistigri » que banquiers et assureurs se passent pour, *in fine*, le déposer délicatement dans le portefeuille des épargnants ? Il n'y a rien d'autre à dire, nous semble-t-il, mais peut-être y a-t-il des choses à faire...

Deuxième chantier, celui de la comptabilité d'entreprise. Ce n'est pas le plus « glamour », mais il deviendra peut-être le plus « productif ». Juste deux chiffres : le chiffre d'affaires réel d'Enron n'était pas de 139 milliards de dollars en 2000, comme cela a été affiché par l'entreprise, mais de… 8 milliards de dollars. Excusez du peu. Par ailleurs, la plupart des analystes estimaient à 1 000 milliards de dollars (à l'été 2002) l'impact négatif sur les bilans des entreprises cotées américaines d'une prise en compte plus rigoureuse des « survaleurs » (écart entre le prix d'achat d'une entreprise et sa valeur réelle). Ces « différences d'appréciation » méritent réflexion. La généralisation de l'analyse financière *pro forma** et l'explosion du hors-bilan nécessitent ainsi des révisions comptables déchirantes. Et ce d'autant plus aux États-Unis que, dans l'univers anglo-saxon, tout ce qui n'est pas interdit est autorisé, ce principe de droit devenant, en période de dérégulation, la matrice de l'hypertrophie jurisprudentielle mais aussi celle des pires abus comptables.

Troisième chantier : celui de l'ensemble des professions touchant de près ou de loin à la finance. Il serait trop facile de clouer au pilori les seuls commissaires aux comptes. Il est ainsi quatre autres métiers qui sont bien moins régulés que celui de l'audit et qui contribuent directement au système d'illusion d'optique financière qui, certes, justifie les revenus perçus par ces opérateurs mais qui, aussi (et, dans certains cas, surtout), favorise l'opacité, de même que les manipulations de cours. Les agences de notation* face à certains de leurs silences coupables, les banques d'affaires face à certains de leurs montages fiscaux, les analystes financiers face à certains de leurs conflits d'intérêts, les journalistes boursiers face à certains de leurs « scoops » devraient, c'est une absolue nécessité, se livrer à un examen de conscience approfondi.

Quatrième et dernier chantier : celui de la régulation elle-même. Le président de la SEC* (Securities and Exchange Commission, l'équivalent américain de la Commission des opérations de Bourse — COB* — française) a beau jeu de dénoncer la subjectivité des instances professionnelles de régulation du métier d'audit. Mais la SEC, autoproclamée comme modèle de régulateur et n'ayant *a priori* à souffrir d'aucun conflit d'intérêts, n'était-elle pas la mieux placée pour dénoncer les dérives comptables et financières d'Enron ? De même, les instances de régulation des fonds de pension n'ont-elles pas du pain sur la planche pour éviter que les salariés américains (mais aussi, demain, européens et japonais) ne perdent toute confiance dans le système de financement de leur retraite ? Enfin, chacun des trois chantiers précédents n'est-il pas porteur d'interrogations existentielles pour les régulateurs concernés ?

Tant va la cruche à l'eau...

La faillite d'Enron n'est pas un incident : les pertes induites (évaluées à 60 milliards de dollars) sont supérieures à celles provoquées par l'effondrement des Twin Towers, ou encore représentent une année d'aide publique au développement en faveur des pays du sud de la planète. Pour que ces pertes ne soient pas inutiles, il faut qu'elles débouchent sur des réformes. Alors, et alors seulement, on pourra dire : « Merci M. Kenneth Lay. »

En attendant cette heureuse issue, il convient de remettre le cas Enron (on pourrait, évidemment, dire presque la même chose pour WorldCom et autres Xerox) à sa juste place. Et dans ce registre, il est trois négations, présentées ici de manière provocatrice, qu'il convient de faire siennes : le scandale Enron n'est qu'une broutille, ne comporte que très peu d'inconvénients par rapport à ses avantages et, sur le fond, n'a rien à voir avec... Enron.

Commençons par le plus simple. Aucun des scandales financiers de 2001-2002, pas plus celui d'Enron que celui de Vivendi Universal ou d'autres, n'a de gravité intrinsèque. D'abord, Enron n'est rien à côté de ce qui nous attend. Car l'« apoplexie comptable », non seulement cela s'attrape mais, pendant une décennie ou presque, cela a été très recherché. Marguerite Gautier, la célèbre « dame aux camélias », se distinguait de toutes les autres femmes de son époque par son attendrissante fluxion de poitrine ; Kenneth Lay, lui, n'a fait que pousser à un certain degré de « perfection » un sport nouveau que la mondialisation a démocratisé à l'échelle planétaire.

Tout le monde est désormais au courant des turpitudes comptables de WorldCom (opérateur téléphonique de la nouvelle génération, se concentrant sur la clientèle d'entreprises plutôt que sur les particuliers) : 9 milliards de dollars de coûts de fonctionnement maquillés en dépenses d'investissement. Mais ce deuxième arbre, à frondaison particulièrement touffue, ne doit, pas plus qu'Enron, cacher la forêt dont les plus beaux spécimens aux essences variées ont pour nom : Tyco (conglomérat américain basé aux Bermudes et composé de centaines d'entreprises intervenant dans les domaines les plus variés : électronique, santé, sécurité, etc.), dont le patron, Dennis Kozlowski, a élevé l'abus de biens sociaux au rang d'art majeur ; la « grenouille » Qwest, dont le gonflement du chiffre d'affaires a permis de faire croire, pendant quelques mois au moins, qu'elle était devenue un « bœuf » des télécommunications à haut débit ; ou encore ImClone, société de biotechnologie américaine qui a vécu grâce aux chimères d'un prétendu médicament miracle, l'Erbitux, et qui est morte sous le fardeau des délits d'initiés.

Imaginons ce qui se passerait si l'on découvrait (Dieu nous en garde) que General Electric avait, toutes proportions gardées, les mêmes problèmes. Imaginons ce qui se passerait si les cinq premières capitalisations mondiales perdaient 10 % de leur valeur (ce n'est pas grand-chose) suite à des réajustements comptables : bon an mal an, cela représenterait deux fois le désastre d'Enron.

Autre indicateur d'innocuité du cas Enron, l'absence de conséquences induites par cet effondrement sur le secteur d'activité concerné. Existe-t-il une industrie dans laquelle la faillite du premier opérateur mondial et du quasi-monopole national entraînerait aussi peu de perturbations sur le marché concerné ? Imaginons la faillite simultanée (pour arriver à un poids relatif comparable) des banques Citigroup, HSBC, BNP-Paribas et Deutsche Bank réunies. Cela laisserait-il totalement insensible le marché du financement de projets ou celui de la gestion d'actifs ? Cela veut-il dire qu'Enron n'était pas un leader ou, plus grave, que le métier de *trader** en énergie ne servait à rien, ou, plus grave encore, que tout ce qui est virtuel n'est, en fait, pas réel ? Il est trop tôt pour le dire, mais convenons qu'Enron a prouvé, *de facto*, qu'il ne représentait pas grand-chose.

Cela est d'autant plus navrant que le scandale Enron présente, à nos yeux, plus d'avantages que d'inconvénients. Certes, pour de très nombreuses entreprises, la suspicion qui découle tout naturellement d'autant d'irrespect comptable se paie, et se paiera encore de très nombreuses années, par une surfacturation sur les crédits (*spread**) de un à trois points. Soit pour une petite « grande entreprise » qui émet un emprunt obligataire de 100 millions de dollars, de 1 à 3 millions de charges en plus (et de bénéfices en moins) pendant une période de cinq à dix ans. Il n'empêche. Malgré ce surcoût récurrent, Enron a rendu de fiers services au système capitaliste. Dans le passé, il a permis au secteur énergétique américain, englué dans les monopoles publics et néanmoins locaux, de respirer un bon coup. Sans Enron, on en serait encore à un prix de l'énergie fixé par les États membres de l'Union en fonction de considérations purement administratives, sans aucun lien avec les contraintes qui pèsent sur les entreprises soumises à une concurrence de plus en plus large et donc de plus en plus sévère.

Ne jetons donc pas le bébé avec l'eau du bain. Enron a, sans contestation possible, contribué, à la marge au moins, à l'amélioration globale du confort des ménages et de la compétitivité des entreprises américains. Pour l'avenir, le bilan est encore plus positif. À très court terme, grâce à

Enron, George W. Bush, dans son immense sagesse électorale, a durablement, si ce n'est définitivement, mis au placard son projet de privatisation totale de la sécurité sociale américaine. À plus long terme et plus généralement, on peut faire confiance aux États-Unis pour lancer (et mener à bien pour partie) la croisade contre l'« axe du Mal » du gouvernement d'entreprise.

La loi Sarbanes-Oxley de juillet 2002, qui a contribué à remettre au pas les auditeurs et qui a commencé à mettre les patrons devant leur responsabilité comptable, même si elle ne résout rien sur le fond, a eu le mérite de donner un premier coup de pied dans la termitière. N'oublions pas que la machine légale et judiciaire américaine est lente à démarrer mais que, une fois le premier « tour de chenille » accompli, elle agit comme un véritable bulldozer. Au Royaume-Uni, au tournant des années quatre-vingt-dix, le scandale Maxwell, comparable dans ses attendus et dans son ampleur à celui d'Enron, n'a conduit à aucun examen de conscience et, *a fortiori*, à aucune réforme. On peut espérer que, maturité et recul aidant, il n'en sera pas de même avec Enron.

Notre optimisme est consolidé, enfin, par le fait qu'Enron a très peu de chose à voir avec… Enron. Nous voulons dire par là que l'écrasante majorité des charges retenues contre Enron renvoie à des débats ayant bien peu de rapport avec la mégalomanie de Kenneth Lay et avec les turpitudes comptables de son directeur financier. Le procès d'Enron n'est pas celui d'une entreprise, mais celui d'un système. Si l'on y réfléchit un tant soit peu, ce qui différencie Enron des scandales précédents (Maxwell, Crédit lyonnais et autres Continental Illinois), c'est fondamentalement la dérégulation poussée à son terme. Si l'on veut donc redorer ce qui était la devise d'Enron, à savoir *Integrity and Excellence*, c'est au niveau du gouvernement d'entreprise, dans ce que ce concept a de plus global, qu'il faut désormais résolument se situer.

Les faits : de l'hydre inflationniste à la dérégulation

Au commencement était l'inflation. C'est là que tout a débuté. En fait, c'est pour lutter contre l'inflation qu'ont été mises en place toutes les mesures d'ordre réglementaire qui ont abouti à la financiarisation et à la mondialisation.

Pourquoi l'inflation ? Pourquoi existait-elle ? Pourquoi l'a-t-on laissé perturber les horloges de la décision aussi bien micro que macroéconomique ? Pourquoi enfin a-t-on décidé de lutter contre elle et pourquoi si tard ? Pour répondre à ces questions, il faut faire appel à sa mémoire.

N'oublions pas, en effet, les Trente Glorieuses et, surtout, le fordisme. Ce mode de régulation, conçu au cœur de la crise de 1929 et véritablement mis en place au lendemain de la Seconde Guerre mondiale, partait du constat suivant. Le capitalisme du XIXe siècle a su rationaliser la production, réaliser des gains de productivité élevés et accélérer le progrès technique, mais il a buté inlassablement sur un problème de débouchés. Les crises de surproduction (dont la crise de 1882 en France — bien avant celle de 1929 — constitue le symbole) enrayaient ainsi à intervalles réguliers la machine économique. Pour surmonter cette contradiction, Henry Ford inventa, au début des années vingt, le *five-dollars day*.

Le raisonnement était à la fois simple et génial. Pour écouler une production d'automobiles, s'est dit Henry Ford, encore faut-il que cette production trouve preneur — et preneur solvable. Pourquoi ne pas faire de mes ouvriers mes premiers clients ? Pour cela, il suffit d'augmenter significativement leur salaire ; leurs commandes me permettront, par l'extension de mes capacités de production et par la réalisation d'économies d'échelle, de faire baisser mes prix et, donc, d'avoir accès à une clientèle solvable plus vaste. Et ainsi de suite.

Ce raisonnement microéconomique a trouvé, au niveau macroéconomique, sa théorisation avec John M. Keynes et sa concrétisation avec le président Franklin D. Roosevelt. Le *deal*, qui était vraiment *new*, était simple : je t'aide à consommer plus et tu m'aides, en retour, à produire mieux. Le salarié était ainsi placé au cœur du système de régulation économique. Pas comme seule force de travail, mais comme pilier à la fois de l'offre et de la demande. Dans le cadre du fordisme, l'actionnaire n'était pas roi. Il était certes l'*omega*, mais l'*alpha* était le salarié. Dans ce cadre, l'inflation présentait des avantages évidents. Elle permettait d'entretenir une illusion, supposée vertueuse, sur la valeur exacte des produits fabriqués. Elle poussait, par ailleurs, à la consommation (l'épargne, mal rémunérée, constituait alors une alternative bien peu réjouissante) et elle annulait le coût de l'endettement. Que veut le peuple ?

Le « hic », c'est que, une fois installée dans un système de régulation structurellement inflationniste, l'économie perdait tous ses repères. L'État était obligé d'intervenir de plus en plus fréquemment, et de plus en plus microscopiquement, pour éviter que l'inflation créatrice ne se transforme en *stagflation* (conjuguant stagnation et inflation). L'ivresse inflationniste avait été douce au début ; elle ressemblait de plus en plus, au-delà d'un certain seuil, à une drogue dure. La gueule de bois s'annonçait sévère. Elle fut provoquée par la hausse des taux d'intérêt réels initiée par les gouvernements des pays développés au tournant des années quatre-vingt. Cette hausse des taux ruina certains et exerça, certes, des tensions déflationnistes, mais elle eut l'incontestable mérite de purger le système. Les prix allaient progressivement redevenir des prix.

Ajoutons à cela deux phénomènes qui allaient jouer comme « accélérateurs de particules » dérégulationnistes. D'une part, au fil des années, la pyramide démographique des pays développés allait se transformer. La base du *baby boom* allait progressivement se transformer en un « pneu » au niveau de l'abdomen démographique qui allait rendre à l'épargne (dopée par des taux d'intérêt enfin redevenus rémunérateurs) son lustre d'antan : le *come-back* des rentiers.

D'autre part, progrès technique aidant, le secteur des services allait connaître un développement sans précédent, au point de dominer, de manière de plus en plus voyante, la sphère de l'économie de marché. Avec l'explosion des métiers de services s'ouvrait ainsi une nouvelle ère « industrielle » fondée sur l'immatériel et donc sur le « difficile à comptabiliser » (et accessoirement à réguler).

Tels sont les principaux ingrédients d'une dérégulation triomphante. Car, bien évidemment, la conjonction de l'État-providence et du flou inflationniste avait conduit l'État à intervenir partout, croyant dans un premier temps qu'il était indispensable à la relance (dans les années cinquante et soixante) puis, dans un second temps (les années soixante-dix et quatre-vingt), que la complexification des mécanismes économiques dont il était le principal responsable justifiait — mieux, nécessitait — son intervention accrue et de plus en plus vernaculaire. Pour ne prendre qu'un exemple : qui n'a pas connu dans son détail les mécanismes d'encadrement du crédit en France ne peut se faire qu'une idée très imparfaite de la complexité des mécanismes de planification soviétiques.

Au tournant des années quatre-vingt, les besoins de dérégulation étaient donc devenus immenses. Et c'est l'État lui-même qui a impulsé cette déréglementation. Il faut avoir connu le Trésor français sous le ministère de Pierre Bérégovoy (et grâce au talent de Jean-Charles Naouri) pour mesurer la ténacité avec laquelle l'État, en France et ailleurs, s'est acharné au début des années quatre-vingt à scier les branches sur lesquelles il était assis.

Ainsi est-ce à la Direction de l'énergie californienne que le modèle Enron a été forgé. N'oublions jamais que, dans la plupart des cas, les banques d'affaires n'ont pas été les premières à concevoir les innovations financières : c'est l'État qui en a défini le cadre et qui en a tracé les premiers contours. Sans prendre conscience que, une fois libérées ces énergies, le contrôle de la dérégulation, et en particulier de la dérégulation financière, serait de plus en plus difficile à assumer.

Les conséquences : la boîte de Pandore

Ah, que la dérégulation était belle ! Fonctionnaires et patrons se « tirant la bourre » pour savoir qui serait le plus innovant. Comment rendre privé ce qui était public tout en finançant les déficits budgétaires, sans pour autant léser l'épargnant redevenu le centre du monde ? Et, si possible, plus vite que le voisin, concurrence fiscale oblige. Au niveau des entreprises, cela a globalement eu deux effets.

En premier lieu, le recentrage. Fini les diversifications parfois hasardeuses. Aux industriels de faire leur métier, si possible à l'échelle mondiale, mais leur métier seul. Aux épargnants de faire leur choix entre des entreprises de plus en plus nombreuses à être cotées en Bourse et, ce faisant, de diversifier leur risque en fonction de leur désormais sacrée « allocation d'actifs ». Ce recentrage s'est accompagné d'un mouvement d'extériorisation généralisé. L'entreprise fait donc son métier et lui seul. Toutes les fonctions qui peuvent être confiées à d'autres doivent l'être, de la restauration collective à la conception des systèmes informatiques, en passant parfois (qui peut le plus peut le moins) par la gestion comptable.

D'où un étrange sentiment face aux nouvelles entreprises : pour la plupart d'entre elles, on voit mieux ce qu'elles font, mais on ne sait plus très bien comment elles le font. Les frontières de l'entreprise s'estompent et on aurait bien besoin, dans ce nouveau contexte, d'un Giscard d'Estaing pour présider la convention à même de définir le contenu de cette « nouvelle Union » qu'est devenue l'entreprise.

En second lieu, toujours pour satisfaire l'épargnant, une seule obligation de résultat : le TRI* (taux de retour sur investissement), tenu de ne jamais être inférieur à 15 % par an.

Il aura fallu dix ans et de multiples Enron pour que la planète financière se rende enfin compte que demander un taux de profit de 15 % dans un monde où la croissance était de 3 %, cela ne pouvait que conduire, un jour ou l'autre, à des tensions intolérables, et donc à de multiples dérives. Certes, pendant un temps, on peut conquérir un marché mondial disposant de « poches » de croissance encore inexploitées. Certes, on peut continuer en éliminant ses principaux concurrents. Mais arrive un moment où cette croissance extensive trouve ses limites. Reste alors à emprunter d'autres voies, plus périlleuses.

Au niveau de l'organisation industrielle, et non plus des entreprises, la dérégulation et ses avatars ont eu deux types d'effets. Pur produit du recentrage, les secteurs se sont « purifiés ». Pour arriver à obtenir un rendement annuel de 15 %, tous les moyens ont été bons.

D'abord se désengager des secteurs « vache à lait », vieux poncif des années soixante-dix qui donnait la priorité à un rendement faible mais certain, par rapport aux métiers ayant plus de potentiel mais plus risqués. Mais le lait, en période de disette, cela a, parfois, du bon. Ensuite, céder des actifs jugés « non stratégiques ». Mais qu'est-ce qui est stratégique ? Les industriels des années soixante-dix s'étaient-ils tous trompés en élargissant leur gamme de produits ou de services ? Enfin, réduire son capital, stade suprême de la course au TRI, ce qui revient à réduire ses fonds propres, c'est-à-dire sa capacité de résistance aux aléas du marché pour le seul et exclusif plaisir de ses actionnaires. Les méthodes ont varié d'une entreprise à l'autre, mais le résultat a toujours été le même : mettre son entreprise non pas tant en ordre de marche qu'en ordre de séduction des marchés financiers.

Le pendant de cette quête absolue de pureté financière a été la concentration, devenue à la fois moyen et fin. À l'échelle du marché mondial, il n'y avait, désormais, apparemment place que pour un seul opérateur par industrie. Paradoxe ? Sur de petits marchés nationaux, de multiples opérateurs étaient, pendant des décennies, parvenus à survivre. Dès lors que le marché s'agrandissait, seuls un tout petit nombre d'acteurs pouvaient désormais survivre. Mirage des économies d'échelle ? Dans presque tous les secteurs, on s'est mis à espérer se trouver en face de *big five* puis de *big four*. En oubliant au passage les enseignements de la théorie économique de la concurrence et en créant à l'occasion le concept de « mariomontisme » (du nom de Mario Monti, le commissaire européen à la concurrence), nécessaire sauvegarde, dans une économie en cours de cartellisation, des bienfaits de la concurrence. En faisant l'hypothèse que la concurrence était toujours pure et parfaite, la dérégulation n'a abouti qu'à une chose : faciliter la constitution d'oligopoles et donc permettre le délit d'entrave aux principes fondateurs de l'atomicité de l'offre, seul véritable garant du meilleur prix.

Ce point mérite qu'on s'y arrête : au cœur de toutes les ambiguïtés et confusions actuelles se trouve l'hypothèse fondamentale de la pensée économique contemporaine, que l'on qualifiera, selon ses goûts, de « dominante », « libérale » ou « économiquement correcte » : nous voulons parler de la concurrence « pure et parfaite ». Dans ce cadre, les prix s'établissent au niveau optimal, les consommateurs sont heureux et les entreprises deviennent riches. C'est parfait, mais cela nécessite le respect d'au moins deux conditions : que tous les opérateurs sur un marché, quel qu'il soit, aient le même poids et que l'information de chacun des acteurs soit parfaite (sans même parler des hypothèses de liberté d'entrée et de sortie du marché, de rendements constants et d'homogénéité des produits vendus…).

Rien de moins. Or, que constate-t-on ? Un poids égal pour tous ? À part peut-être les épiciers dits « arabes », quelle est la profession où cet axiome est respecté ? Dans le système capitaliste, tout n'est que rapport de forces — ce qui contribue d'ailleurs à son dynamisme et sa solidité. Le fondement même du mouvement général de fusions-acquisitions qui a marqué de son empreinte indélébile les années quatre-vingt et quatre-vingt-dix consiste dans une tentative parfois désespérée d'échapper à cette règle : « économies d'échelle », « taille critique », « marchés captifs », tout était bon pour justifier la course éperdue au « leadership », c'est-à-dire à la négation des règles de la concurrence. Et ce qui était vrai dans chacun des secteurs l'était aussi en amont et en aval. Que celui qui a négocié sur un pied d'égalité avec un grand distributeur, un courtier en énergie ou un négociant international de produits agricoles nous jette, dans ce domaine, la première pierre…

En matière d'information égale pour tous, la supercherie apparaît tout aussi flagrante. L'asymétrie d'informations devient la règle, faute de quoi il n'y aurait pas de marges, et donc pas de profits. Cela est particulièrement manifeste sur les marchés financiers : qui pense raisonnablement que la veuve de Carpentras accède à la même information que Bill Crist, le patron de Calpers, un des plus importants fonds de pension américains ? Qui peut nier qu'Enron a construit sa fortune en arbitrant des « poches de désinformation » — par exemple quand la firme de Houston achetait du gaz à un producteur local d'électricité (le privant ainsi d'une énergie immédiate) pour le revendre dans un autre État à meilleur compte ?

On pourrait multiplier les exemples à l'infini, car le principe même du système capitaliste (et c'est sa force) est l'asymétrie d'information, et ce bien avant même l'utilisation des pigeons voyageurs par le baron Rothschild, l'informant de la défaite de Waterloo avant les autres et lui permettant de spéculer à la baisse. Acceptons ce principe, mais soyons aussi logiques : que l'on ne parle pas alors d'équilibre « naturel », de prix « optimal » et de remise en cause du rôle régulateur de l'État.

Les enfants adultérins de la dérégulation

Le principe fondateur de l'asymétrie étant posé, notre tour d'horizon des éléments constitutifs de la dérégulation n'est pas terminé pour autant. Trois remarques complémentaires s'imposent à ce niveau. Tout d'abord, le financement de cette « phase d'accumulation » (pour reprendre un concept passé de mode, mais néanmoins utile à la réflexion) n'a été rendu possible que grâce à l'*endettement*. N'oublions pas, en effet, pour ne prendre que l'exemple des États-Unis, que le poids de l'endettement des entreprises américaines dans le PIB a doublé entre 1980 et 2000. Rien de moins. Car, après la hausse des taux d'intérêt indispensable à l'éradication de l'inflation, ces taux ont pu, progressivement, se remettre à baisser. Entraînant la hausse des marchés obligataires, mais aussi et surtout le renouvellement des capacités d'endettement des entreprises.

Pour une entreprise, en effet, la croissance n'est possible, sans dilution des actionnaires, que si les banques se prêtent au jeu. Dans ce domaine, l'exemple le plus parlant reste celui des rachats d'entreprises par endettement, les fameux LBO* (*leverage buy-out*). Expliquons ce concept, qui repose sur l'« effet de levier* ». Trouvez-moi une entreprise qui vaut cent sous et qui rapporte annuellement, après impôts, dix sous. Je peux la racheter pour un seul sou ! Mais si, c'est simple : le rendement annuel de 10 % me permet d'emprunter en toute sécurité aux banques cinquante sous à un taux d'intérêt de 5 % par an (et encore on peut faire mieux, avec, par exemple, les émissions d'obligations à bons de souscription d'actions, ou encore d'obligations à bons de souscription d'actions à dividende prioritaire, ou encore...). Reste cinquante sous à trouver. Avec mon sou de départ, j'en emprunte un autre à titre personnel et je trouve un « partenaire » qui en investit deux dans une « holding » en me laissant le contrôle. Doté de « mes » quatre sous, j'en lève dix autres auprès de sociétés de capital-risque et de banques, pour moitié en capital et pour moitié en dettes, en me faisant donner des *stock-options* qui me permettent de garder, comme précédemment, le contrôle de « ma » holding. À celle-ci de créer une filiale selon le même schéma de financement que précédemment (n'est-ce pas, MM. Bolloré, Arnault, Pinaut... ?), et le tour est joué.

Au-delà du « chapeau l'artiste » que justifie tout montage financier astucieux, reste l'épée de Damoclès de l'endettement. Car, lorsque la conjoncture est favorable et les taux d'intérêt faibles, cette dette pèse de peu de poids, mais dès lors que la conjoncture se retourne, les profits se réduisent, les frais financiers s'alourdissent, et les Athéniens financiers s'atteignent très vite...

Deuxième sous-produit de la dérégulation, le *blanchiment*. Le lecteur pensera peut-être qu'il a affaire ici à deux dangereux extrémistes, prêts à attribuer des égarements purement individuels au mouvement salutaire ayant permis de faire sortir la plupart des économies développées d'un carcan étatique quasi stalinien. Il n'en est rien. Nous voulons seulement, une fois de plus, enfoncer le clou : la frontière « micro-macro », qui a fondé la science économique de l'après-guerre, doit être abattue. Ce Mur de Berlin économique n'a pas plus de sens que le Mur politique : les réformes macroéconomiques provoquent des dérives microéconomiques qui ont un impact macro.

Le blanchiment, par son côté extrême (et néanmoins endogène), a, de ce point de vue, valeur d'exemple. Certes, le blanchiment existait avant la dérégulation et le monde n'est pas plus « pourri » aujourd'hui qu'hier. Certes, la dérégulation s'est donné pour mission de simplifier et, partant, d'assainir les circuits économiques. Mais personne ne pourra contester que la dérégulation, en favorisant l'ingénierie financière et juridique, a contribué à multiplier les « trous noirs » fiscaux, à pérenniser les *tax havens** et, de ce fait, à stimuler l'imagination (déjà fertile au départ) de ceux dont le métier (fait au moins aussi sérieusement que les *golden boys* et les commissaires aux comptes font le leur) est de détourner, à leur profit, la loi.

Ne jetons pas ici le bébé avec l'eau du bain (même si celle-ci est particulièrement sale) : la dérégulation est trop porteuse de progrès, dès lors qu'on en contrôle le rythme, pour la sacrifier sur l'autel d'un puritanisme qui serait d'autant plus extrême qu'il se saurait, *in fine*, impuissant. Le pharisianisme financier a coûté déjà trop cher pour qu'on le laisse « reprendre du poil de la bête ». Il n'empêche : refuser d'admettre que l'explosion du blanchiment d'argent sale (quelque 500 milliards de dollars par an, soit dix fois l'aide publique au développement) est un élément constituant du mouvement général de libéralisation/dérégulation financière relève au mieux de la myopie, au pire de la complicité intellectuelle.

Troisième et dernière remarque : qui dit « dérégulation » dit « *transfert de risques* ». S'il est un concept dont le statut apparaît aujourd'hui archi-sous-évalué, c'est bien celui du risque, et ce même après le drame du 11 septembre 2001 qui aurait pu (et dû) susciter des réflexions plus approfondies. Dans le cadre de la dérégulation, les risques ont été globalement sous-évalués, alors même que de nouveaux risques apparaissaient et que, d'une manière générale, la plupart des risques étaient « essaimés », dispersés, translatés.

Le risque est le fondement même du système capitaliste, qui justifie le rendement : il semble assez normal que celui qui investit dans une *start-up* de biotechnologie soit mieux rémunéré que celui qui se « shoote » au livret A. Le problème vient de la tendance naturelle de tout individu ou institution à vouloir conserver la rémunération de son investissement dans un projet à risque tout en le transférant le plus rapidement possible à un autre (banquier ou assureur, par exemple, *via* notamment les marchés dérivés*). Or l'économie capitaliste ne peut devenir une économie de casino. D'abord parce que, au casino, on perd toujours et ensuite parce que les croupiers — les régulateurs des casinos — sont le plus souvent efficaces. En revanche, l'économie capitaliste est une économie de « mistigri » : tous les « montages déconsolidants* » ont pour objectif de transférer les risques pris par une entreprise à d'autres, en échange d'une rémunération supposée compenser cette translation de fragilité. Même les assureurs, dont le métier consiste à protéger leurs clients, se livrent à ce petit jeu (d'abord avec les réassureurs, mais aussi entre eux ou avec d'autres clients). Même les réglementations supposées encadrer les risques poussent, dans certains cas, à l'accroissement — voire à l'explosion — de ceux-ci.

Est-ce médire que d'affirmer que le « ratio Cooke* », créé en 1993 pour empêcher les banques de dilapider leurs fonds propres, les a poussées à multiplier les engagements interbancaires et les produits dérivés* sur les « grandes signatures » industrielles, et donc à alimenter la cascade de risques ? Conséquences de ce « jeu de go » : une « déterritorialisation » des responsabilités et une délocalisation des contrôles. Qui fait quoi au juste ? Qui paie ? Qui assume ? Qui poursuivre ? Ces questions manquent aujourd'hui souvent de réponses et, quand on les obtient, il est trop tard. Mistigri ou mystification ? C'est selon.

Et, dans tout cela, que fait l'État ? Pourquoi voudriez-vous qu'il ne participe pas à l'« exubérance » générale ? C'est lui, en Europe comme aux États-Unis, qui a donné le signal du départ de la « course au marché ». Quoi de plus normal pour lui que de faire un peu d'ingénierie financière ? Le prix demandé en 2001 par l'État français pour les licences de téléphonie mobile haut débit UMTS* n'est-il pas, dans ce domaine, le plus bel exemple de ponction fiscale déguisée (130 milliards d'euros, excusez du peu) des vingt dernières années ?

Là où l'action de l'État paraît, avec le recul, le plus critiquable, c'est en matière de supervision. Car c'est bien beau d'ouvrir les vannes, encore faut-il être, par la suite, capable de réguler le débit. Si l'État n'a pas pu le faire, c'est, d'une manière ou d'une autre, qu'il ne l'a pas voulu. Quand on voit, pour ne prendre qu'un exemple, les modestes moyens dont dispose la SEC (Securities and Exchange Commission) américaine et les missions essentielles qui lui sont confiées par le gouvernement des États-Unis, on ne peut s'empêcher de penser que l'État est complice des débordements qu'aujourd'hui il condamne. Reste maintenant, pour lui, à en prendre acte. Et surtout à assumer de nouveau le rôle qui est le sien.

2

La volatilité… envolée

« Il lit au front de ceux qu'un vain luxe environne
Que la Fortune vend ce qu'on croit qu'elle donne. »

Jean DE LA FONTAINE

Dans une économie dérégulée, la règle du jeu devient la volatilité, mère de tous les enrichissements, mais aussi cause de toutes les ruines. Expliquer avec précision les causes de la volatilité des marchés financiers, quel défi pour un économiste ! Mais aussi quel rêve ! On comprendrait enfin pourquoi les marchés fluctuent de manière parfois aussi erratique. On pourrait même espérer prévoir les évolutions du cours des actions. On jouerait, enfin, en tant qu'économiste, son rôle de réducteur d'incertitude.

Ne rêvons pas. Il est quelque chose d'irréductible à l'explication de la volatilité des marchés financiers. Pour autant, « irréductible à l'explication » ne veut pas dire « irrationnel », nous le verrons. Sachant qu'il n'est pas nécessaire d'espérer pour entreprendre, on peut, au moins, s'efforcer de

« mettre à plat » le système. On peut ainsi se donner comme objectif de lister et d'organiser de manière cohérente les multiples ressorts de la volatilité. Mais avant d'expliciter notre méthode, deux remarques préalables paraissent incontournables, sous forme de questionnement.

La première question s'impose d'elle-même : la volatilité, c'est quoi au juste ? C'est, de loin, la question la plus délicate (ça commence bien...). Oh, certes, il existe des définitions très précises de certains indicateurs techniques de volatilité. Mais cela ne fait que déplacer la question : qu'est-ce que ces indicateurs cherchent à mesurer ? La réponse généralement admise fait de la volatilité la variation de l'écart entre un prix de marché et les fondamentaux économiques qui justifient rationnellement la valorisation de l'actif considéré. Quoi de plus rationnel en apparence ? Mais en apparence seulement et, surtout, uniquement en statique. Or la volatilité n'a de sens et d'impact sur les mécanismes économiques qu'en dynamique. Lorsque la volatilité change à la hausse ou à la baisse, cela veut-il dire que les fondamentaux ont changé ? Et, d'abord, de quels fondamentaux s'agit-il ? Cela veut-il dire que la vision que les opérateurs de marché ont des fondamentaux a changé ? Ou encore, ce qui est plus vraisemblable, que la vision que ces opérateurs ont de celle de leurs collègues a changé ? Cette dernière question a au moins le mérite de montrer que, dès lors qu'il est question de marché, le regard des autres compte au moins autant que le sien..

Seconde remarque sous forme de questionnement : la volatilité a-t-elle augmenté, pour justifier que l'on s'y intéresse désormais autant ? Si l'on met momentanément de côté la question précédente (sur laquelle nous reviendrons) et si l'on se contente d'observer différents indices de volatilité suffisamment rigoureux et diversifiés pour donner une vision qui ne soit pas trop floue de la réalité, il semble qu'« il n'y ait pas photo ». Pour simplifier, la plupart des études empiriques ont montré que les variables financières ont connu, au cours des deux dernières décennies du XXe siècle, une évolution tendanciellement plus erratique par rapport aux décennies précédentes mais par rapport aussi aux variables de l'économie réelle.

Si l'on utilise ici l'expression « variable financière », c'est à dessein. La volatilité boursière s'est, en effet, accompagnée d'une volatilité bancaire qui, elle aussi, a significativement crû au cours des dernières années. L'importance croissante du phénomène ne rend pas pour autant son analyse plus aisée. Par souci pédagogique autant que de méthode, il nous a semblé utile de montrer que la volatilité ne se limitait pas au seul cadre des marchés financiers. Car la volatilité boursière ne peut s'expliquer de manière sérieuse que si on la met en perspective au niveau de l'économie dans son ensemble, mais aussi à celui, mésoéconomique, des marchés et des métiers financiers et enfin à celui, microéconomique, des entreprises, qu'elles soient financières ou non.

Le cadre macroéconomique : marché or not marché ?

Au commencement était la banque. Les marchés existaient certes, depuis l'Antiquité, pour les produits agricoles et industriels, mais le financement de l'économie, et notamment celui des échanges, se faisait très généralement de manière « intermédiée » (c'est-à-dire grâce à des intermédiaires, les banques, dont l'État garantissait la solidarité). Ce sont les pays anglo-saxons, en partie en raison de l'éclatement (et, de ce fait, d'une certaine inefficacité) de leur système bancaire, qui, au XIXe siècle, ont remis en cause cette tradition et ont promu le développement de leurs marchés boursiers (mettant en relation directe, sans intermédiaires, prêteurs et emprunteurs). Les autres pays développés, puis certains pays émergents les ont suivis au tournant des années quatre-vingt, c'est-à-dire — on a tendance à l'oublier — de manière très récente, donnant au système de financement de ces économies un caractère, mixte certes, mais progressivement de plus en plus financier et de moins en moins exclusivement bancaire.

Dès lors que les marchés occupent un rôle non marginal dans le financement des économies, on bascule dans un autre univers. Celui du mimétisme. L'important n'est pas d'avoir raison, mais, au pire, de ne pas avoir tort contre le marché et, au mieux, d'anticiper le comportement du plus grand nombre. Ce qu'André Orléan a parfaitement théorisé [1], Keynes, dans sa *Théorie générale*, l'avait déjà mis en lumière, qui soulignait que « le taux de l'intérêt est au plus haut degré un phénomène conventionnel, [...] car sa valeur effective dépend dans une large mesure de sa valeur future telle que l'opinion dominante estime qu'on la prévoit ».

Le mimétisme est consubstantiel aux marchés financiers et c'est le facteur premier de leur volatilité. En effet, le comportement mimétique est à l'origine de ce qu'on appelle des « anticipations autoréalisatrices » (*self-fulfilling prophecies*), qui se sont manifestées aussi bien dans des crises de change (celles qu'ont connues les pays émergents comme celle de la livre sterling en 1992) que dans les crises boursières : où il est démontré que ce que l'on croit collectivement, quel que soit son réalisme, devient réalité. La volatilité crée alors la volatilité jusqu'à ce qu'une nouvelle convention soit acceptée par le plus grand nombre. Rudi Dornbusch, prix Nobel d'économie qui a théorisé le phénomène d'*overshooting* (littéralement « surréaction »), s'est éteint en 2002. Ne le plaignons pas : la fin de sa vie, trop courte, n'a pu qu'être illuminée par le « feu d'artifice » de la volatilité retrouvée...

Deux remarques s'imposent à ce stade. La première est la plus troublante et, à la fois, la plus évidente. Contrairement à ce que voudraient nous faire croire les économistes libéraux, les marchés financiers ne sont en rien efficients. Pour faire

1. André ORLÉAN, *Le Pouvoir de la finance*, Odile Jacob, Paris, 1998.

simple, ils sont le lieu d'un triple dysfonctionnement : les marchés eux-mêmes souffrent de défauts de fonctionnement ; par ailleurs, les opérateurs de marché opèrent dans le cadre d'un système d'information imparfaite et, enfin, cerise sur le gâteau, les anticipations de ces opérateurs sont, par nature, instables. Or n'oublions pas que la théorie économique dominante fonctionne — et ne fonctionne que — sur la base d'un modèle de concurrence pure et parfaite dans lequel tout le monde est non seulement « beau et gentil », mais parfaitement informé, de taille comparable aux autres et sans qu'un quelconque grain de sable puisse enrayer la détermination du juste prix d'équilibre. Peut-être — c'est une simple suggestion — serait-il temps, au vu de la réalité, de remettre en cause ce sacro-saint principe...

Seconde remarque : mimétisme n'est pas panurgisme. S'il suffisait de faire comme les autres, ce serait trop facile. Encore une fois, la règle est d'anticiper ce que vont faire les autres. Mais cela sans oublier que ceux-ci jouent au même jeu. C'est ce qu'André Orléan appelle un processus « spéculaire », car « les consciences placées les unes en face des autres, chacune s'interrogeant sur les motivations de l'autre, agissent à la manière de deux miroirs posés face à face, engendrant une multiplicité d'images au fur et à mesure que chacun intègre à son calcul le fait que l'autre perçoit des croyances de degré supérieur. La spécularité simule ainsi les reflets multiples que donne la dynamique de croyances croisées [2] ». Cela pose, bien sûr, le problème de la rationalité. Les marchés sont certes inefficients, mais, malgré leurs errements, ils sont tout sauf irrationnels. La rationalité est omniprésente ; ce qui provoque le chaos, c'est le choc de rationalités spéculaires inconciliables.

Ces deux remarques faites, reste à compléter l'analyse en introduisant trois déterminants essentiels de la volatilité des marchés. Le premier est celui de la *temporalité*. Si, à long

---

2. *Ibid.*, p. 71.

terme, nous serons tous morts, comme le notait fort justement Keynes, sur les marchés, à moyen terme, on peut l'être aussi. Comme le note un opérateur : « Les marchés peuvent rester illogiques bien plus longtemps que nous sommes capables de rester solvables. » Les marchés poussent donc naturellement au *short-termism* (vision à court terme), ce qui accroît spontanément leur volatilité. Cette tendance naturelle est accentuée, d'une part, par le raccourcissement de l'horizon de placement des épargnants et, d'autre part, par certaines règles opératoires des marchés elles-mêmes. Pour ne prendre qu'un exemple, la valorisation des portefeuilles d'actifs à leur valeur de marché (la célèbre *fair value**) raccourcit l'horizon des gérants, puisqu'ils sont de plus en plus jugés (et rémunérés) sur leurs performances instantanées. D'une manière plus générale, le poids d'une information de marché est inversement proportionnel à l'horizon de placement. La pression qui s'exerce en faveur du raccourcissement de la temporalité des investissements contribue ainsi à accroître l'intensité des à-coups et donc la volatilité.

Deuxième déterminant indispensable à la compréhension de la volatilité, la *liquidité**. À conditions de marché identiques, le marché le moins liquide sera le plus volatil. Comme l'a parfaitement montré le krach de 1987 (et, à un niveau microéconomique, la faillite du fonds LTCM* en 1999), ce n'est pas tant, en elle-même, l'inversion des anticipations qui est à l'origine des volatilités extrêmes, que cette inversion confrontée à une insuffisance de liquidité. Si je ne peux pas vendre au prix que je veux, il faudra que j'accepte une décote sur mes titres d'autant plus importante que les acheteurs seront peu nombreux et peu inspirés par mon offre. Cela interpelle toute réforme visant à limiter le rôle des marchés dérivés*, peuplés de produits à haut risque mais facteurs indiscutables de liquidité.

Troisième déterminant : l'*information*. Les marchés ne peuvent fonctionner efficacement qu'en situation de perfection de l'information. Retour à la théorie de la concurrence pure et parfaite. Or, on peut presque dire que l'imperfection est la règle — quand elle n'est pas, exceptionnellement, une fin en soi — sur les marchés. Et ce à tous les niveaux. À celui de la conception de l'information, nous le verrons avec les problèmes comptables. Au niveau, bien sûr, de la circulation de l'information, l'asymétrie d'information faisant même, sur les marchés les plus matures, partie intégrante du jeu. Enfin, quels que soient les efforts déployés par les autorités de régulation concernées, on retrouve aussi cette imperfection au niveau du contrôle de l'information. Rien d'étonnant, donc, à ce que l'accélération de la circulation de l'information, favorisée par les nouvelles technologies en général et Internet en particulier, contribue, par cet intermédiaire, à l'accroissement global de la volatilité. Au royaume des aveugles et des sourds...

Les structures mésoéconomiques : vieux acteurs et nouveaux produits

Après avoir examiné les déterminants de la volatilité au niveau de l'économie dans son ensemble, entrons un peu dans le détail et situons-nous au niveau du fonctionnement des marchés eux-mêmes.

Les acteurs

Les mécanismes de marché n'expliquent pas tout. Ou plutôt ils n'expliquent beaucoup que si l'on intègre, dans leur compréhension, la stratégie des acteurs. La liste des acteurs de marché est trop longue pour que notre examen soit, ici, exhaustif. Nous nous bornerons donc à isoler ici ceux qui paraissent jouer le rôle le plus marquant en matière de volatilité.

À tout seigneur tout honneur, commençons par les *investisseurs institutionnels*, les fameux « zinzins ». La montée en puissance de l'épargne institutionnelle sous toutes ses formes (fonds de pension, OPCVM*, assurance vie...) a beaucoup contribué à une certaine forme de moralisation ainsi qu'à l'amélioration de l'efficience des marchés. Elle n'en a pas moins contribué également de manière déterminante à leur volatilité. La patrie du mimétisme, l'empire du *benchmarking** : plus que tout autre acteur, les « zinzins » se surveillent entre eux, au moins autant qu'ils surveillent les marchés. Leur poids n'est pas prêt de décroître, leur comportement clanique n'est pas prêt de cesser ; tout au plus peut-on espérer que, les scandales aidant (car, incontestablement, les scandales, comme celui d'Enron, peuvent et doivent aider au moins à tirer des leçons), ils développeront leur sens des responsabilités. Et ce, en matière de volatilité comme dans bien d'autres domaines (l'épargne socialement responsable, pour ne citer qu'un exemple). Car il est paradoxal de constater qu'ils sont les premiers à dénoncer les errements des marchés, alors que ce sont eux-mêmes qui, par leur poids intrinsèque et leur comportement, « font » aujourd'hui les marchés.

Prenons ensuite le cas des *banques*. Non pas en tant qu'investisseurs ou en tant qu'opérateurs de marché (à ce titre, elles font partie des « zinzins »). Mais en tant que prêteurs. N'oublions pas que les marchés ne se sont autant développés que du fait du sacro-saint « effet de levier ». Et que cet effet existe seulement parce qu'il y a du crédit bancaire derrière. Ce sont bien les banques, en tant que fournisseurs de crédit, qui alimentent, d'une certaine manière, la « pompe à volatilité ». Institutions bancaires et autorités de contrôle ont, dans ce domaine, un sérieux examen de conscience à entreprendre.

Du côté des « petits métiers », celui de *teneur de marché** laisse quelque peu rêveur. Les teneurs « tiennent » quoi en réalité ? Ils ne « tiennent » — c'est-à-dire qu'ils ne régularisent — leur marché que si les anticipations sont stables (si la « convention de marché » est respectée) et si la liquidité est là. Bref, un métier de pompier exercé exclusivement en Antarctique...

Les produits

Certains produits financiers, créés pour jouer sur la volatilité des marchés, ont directement et parfois massivement contribué à accentuer celle-ci. Les produits dérivés ont ainsi accentué les comportements mimétiques et donc la volatilité des cours ou des indices. De même en a-t-il été des fonds indiciels*, reflétant les tendances de marché et contribuant à fausser le prix des indices pris pour cible (le célèbre « effet Nokia », mastodonte finlandais des télécoms, qui déséquilibre en permanence, par son poids, « sa » petite Bourse locale).

On pourrait multiplier les exemples. Mais il est intéressant de noter que les techniques mêmes visant à réduire les risques tendent, dans bien des circonstances, à les aggraver. Ainsi en a-t-il été pour les stratégies dites « d'assurance de portefeuille », en raison de la rapidité et de l'ampleur des ajustements d'actifs qu'elles imposent. Particulièrement spectaculaire lors du krach d'octobre 1987, ce phénomène joue aujourd'hui un rôle moins visible mais plus permanent, et probablement plus prégnant.

D'une manière plus générale, l'homogénéisation des techniques de gestion des risques (la si renommée, et si respectée à ce jour, *value at risk**) a contribué à accroître, dans certaines circonstances, les tensions sur les marchés. L'exemple le plus probant de ce mécanisme est probablement la crise financière mondiale de l'automne 1998, lors de laquelle les « positions » prises sur de très nombreux marchés ont été « dénouées » (les actifs ont été vendus) à la suite de pertes au départ concentrées et limitées.

N'est-ce pas là un des paradoxes de la période actuelle que la recherche par les opérateurs individuels d'une sécurité maximale renforce la volatilité et donc les risques au niveau collectif ? De même que la spéculation peut contribuer au rééquilibrage des marchés (phénomène incontournable et trop souvent occulté), de même la recherche de la sécurité tend, dans bien des cas, à faire exploser le niveau de risque. Crises « systémiques » ? Mais sur quoi se fondent-elles et pourquoi se déclenchent-elles ? L'énigme reste, pour une large part, non résolue.

Les logiques microéconomiques : des entreprises et des hommes

Venons-en maintenant à la volatilité telle qu'elle est vécue par les entreprises. « Vécu » est le terme adapté, car on en arrive là à l'analyse des comportements, si ce n'est exclusivement humains, du moins individuels…

Commençons par les entreprises elles-mêmes. Qu'elles soient financières ou non, opérateurs de marché ou simples « marchandises » boursières, un des moteurs les plus performants de la volatilité des marchés boursiers est sans doute la mode des stratégies dites « de recentrage ». Ce n'est plus au chef d'entreprise de composer son *product mix*, c'est-à-dire l'équilibre entre ses divers métiers : sa mission est désormais de se recentrer sur son *core business*, et il revient à l'investisseur de décider de l'allocation de ses actifs sur un ensemble d'entreprises ainsi « recentrées ».

La diversification *via* les conglomérats a, certes, montré ses limites et le « recentrage » permet, de ce point de vue, de mieux faire jouer les économies d'échelle sur un marché qui se mondialise. Il n'empêche. Ni trop d'honneur, ni trop d'indignité : le recentrage accéléré nous semble constituer un élément de fragilisation du tissu industriel, et notamment de fragilisation boursière. La solution à ce problème n'est pas simple, les modes ayant la vie dure (jusqu'à la prochaine au moins…). La pression permanente des analystes financiers en faveur du recentrage (il est vrai qu'Air Liquide, entreprise séculairement « recentrée », est plus facile à analyser que ne l'était, en son temps, ITT) mérite d'être, par les acteurs mêmes de ce métier, repensée sur les plans à la fois théorique et politique.

Autre réflexion qui relève principalement du niveau microéconomique, celle concernant la comptabilité. Depuis Enron, miracle : nous avons redécouvert que la comptabilité n'est pas une science exacte. Comment avons-nous pu être collectivement aussi candides (pour rester poli) et, surtout, aussi paresseux ! Comment avoir pensé qu'une discipline qui se définit comme une « forme de dénombrement cumulatif d'objets positifs ou négatifs [3] » puisse faire autre chose que ce qu'on lui demandait ? Avec bien sûr un formalisme d'autant plus policé que les intentions étaient coupables.

Sans même entrer dans les dérives relevant du droit civil ou pénal, en s'en tenant au strict respect des règles en usage, qu'il nous suffise de désigner trois techniques comptables qui, directement ou non, ont été conçues pour « créer du rêve » et donc de la volatilité :

— l'Ebitda*, ou comment sortir des résultats qui dévoilent tout... sauf l'essentiel (endettement et *goodwill**) ;

— la comptabilité *pro forma**, qui aboutit au même résultat en raisonnant « toutes choses égales par ailleurs » (ce qui, dans l'économie de marché, revient à considérer Zinedine Zidane comme une statue de sel...) ;

— enfin, la *fair value*, ou comment, dans les métiers de la finance notamment, transformer des marathoniens en coureurs de 110 mètres haies qui n'ont plus qu'une obsession : franchir l'obstacle trimestriel suivant.

Tout cela ne constitue qu'un bref aperçu des charmes et des risques de ce que l'on appelait jusqu'à ce jour, non seulement sans rire mais avec fierté, la « comptabilité créative » (nous y reviendrons).

---

3. Michel COUËTOUX, *La Comptabilité générale d'entreprise*, PUF, Paris, 1974.

Mais les machines à créer de la volatilité existent aussi au cœur même des entreprises. Citons-en deux pour mémoire, qui ont déjà donné lieu à de nombreux débats. Les modalités de rémunération de certains salariés (*stock-options*, primes pour certains métiers de la finance) font du cours boursier de l'entreprise (celle qui les emploie dans le premier cas, l'entreprise cliente dans le second) l'*alpha* et l'*oméga* de la conscience professionnelle (et néanmoins patrimoniale...). De même, le développement des technologies de l'information, en accélérant de manière fulgurante la vitesse de traitement et de circulation de l'information sans améliorer au même rythme sa fiabilité, entraîne inévitablement des risques d'« exubérance » financière.

Moins souvent soulignée et à nos yeux plus importante, il est une fonction de l'entreprise (industrielle, mais plus encore financière) que l'accroissement de la volatilité remet à l'honneur : c'est la fonction administrative, le *back office**. On pourrait multiplier presque à l'infini les exemples de dysfonctionnements de marché qui relèvent de l'inefficience du *back office*. Du gel des avoirs des souscripteurs au fonds de pension d'Enron à certaines des crises de liquidités les plus graves, le *back office* prend enfin sa revanche : pour que les marchés fonctionnent, encore faut-il que les titres échangés soient livrés à temps et que ce soient les bons. On est peut-être en passe de redécouvrir, dans le domaine de la finance, qu'une automobile roule d'autant mieux sur longue distance que l'on n'a pas oublié de mettre de l'huile dans son moteur. Constat certes tardif, mais il n'est jamais trop tard...

Nous avons bien conscience de ne pas avoir épuisé le sujet du « pourquoi » de la volatilité, sans même avoir abordé la question du « que faire ? ». Contentons-nous, à ce stade de notre exposé, de quatre certitudes :

— la théorie de la concurrence pure et parfaite, qui constitue la référence ultime de la pensée financière dominante, doit être dénoncée ; si elle ne peut s'amender, elle doit impérativement être « classée verticalement » ;

— rien n'est complètement exogène dans le fonctionnement des marchés. Tout « choc » supposé externe, de LTCM à Ben Laden, est, sinon endogène, au moins endogénéisable ;

— la compréhension du phénomène de volatilité par la science économique ne peut se limiter à un seul champ de cette discipline. Les ressorts de la volatilité, nous avons essayé de le montrer, sont à la fois de nature micro, méso et macroéconomique. De ce fait, la nouvelle régulation des marchés, que nous appelons de nos vœux, ne pourra, en aucun cas, être unidimensionnelle ;

— pas plus qu'elle ne pourra être unidimensionnelle, elle ne pourra être monodisciplinaire. Au niveau macro, l'économie doit s'enrichir de l'histoire ; au niveau méso, elle doit être teintée d'une bonne couche de structuralisme ; au niveau micro, elle ne pourra faire l'économie d'un détour par la sociologie, voire la psychanalyse.

Le chantier n'est donc pas clos, mais le jeu en vaut la chandelle. Dans la racine de la volatilité, ne trouve-t-on pas « voler » ? Il y a deux acceptions à ce terme, l'une libératrice, l'autre moins. À nous, par la poursuite ou l'abandon de notre réflexion, de choisir...

3

La financiarisation… généralisée

« Jamais surintendant ne trouva de cruelles.
L'or, même à la laideur, donne un teint de beauté. »

BOILEAU

Pour les entreprises, les années quatre-vingt-dix ont d'abord été marquées par la priorité donnée à la logique financière sur la logique industrielle, au sein d'un système capitaliste préoccupé par la baisse du taux de profit dans les pays du centre (concurrence des nouveaux producteurs de la périphérie, chocs pétroliers, coût du *welfare*, etc.). La prétendue « nouvelle économie » doit être analysée dans ce contexte : les énormes progrès technologiques en matière de puissance de traitement informatique, d'accélération de la circulation de l'information et d'émergence de nouveaux secteurs ont été appréhendés par le système comme autant d'opportunités financières. Le plus bel exemple en est fourni par le réseau Internet, développé initialement sur la base de la gratuité et du bénévolat, qui sera récupéré par une alliance de la Silicon Valley et de Wall Street entièrement tournée vers l'enrichissement personnel et rapide de leurs *golden boys*.

Profits industriels ou profits financiers

L'exemple de General Electric (GE), sixième entreprise américaine et neuvième mondiale par le chiffre d'affaires, illustre cette évolution de façon remarquable : vieux conglomérat industriel fabriquant aussi bien des moteurs d'avion que des turbines et autres équipements pour centrales électriques, des appareils ménagers ou de l'instrumentation médicale, des matières plastiques spécialisées ou des programmes télévisés, GE a progressivement développé une activité financière considérable au sein de sa filiale GECS (General Electric Capital Service).

En 2001, GECS a assuré 46 % du chiffre d'affaires du conglomérat (126 milliards de dollars pour l'ensemble) et 41 % de ses profits, à travers trois ensembles de « business » : un gros tiers pour le crédit à la consommation (y compris les cartes de crédit), un tiers pour le crédit spécialisé aux entreprises (notamment *leasing** et location-vente) et un petit tiers pour l'assurance spécialisée. Afin de développer ces activités financières, le groupe GE a « explosé » l'endettement dans son bilan, dont le total atteignait en 2001 535 milliards de dollars, dont 110 milliards pour les activités industrielles, et le montant astronomique de 425 milliards pour les activités financières (à titre de comparaison, celui de BNP-Paribas, première banque européenne, ne dépassait pas 750 milliards de dollars). Du coup, les dettes et autres engagements financiers liés à cette activité avoisinaient 400 milliards de dollars et fragilisaient considérablement l'ensemble du groupe GE, y compris ses bonnes vieilles activités industrielles : des notes de crédit* en baisse ont inquiété les clients, tandis que la chute du cours de Bourse démotivait le management opérationnel rémunéré en *stock-options*. *In fine*, le groupe GE est devenu un conglomérat à dominante financière, considérablement fragilisé par la crise financière et boursière consécutive à l'éclatement de la « bulle Internet ».

Les compagnies d'assurance internationales ont également eu tendance dans la période récente à confondre profits industriels (*i.e.* relevant de leur activité de couverture des risques ou de gestion de l'épargne et de la retraite de leurs clients) et profits boursiers réalisés sur les importants matelas de réserves accumulés au fil des ans, voire des siècles. Après d'intenses batailles tarifaires (concurrence des mutuelles, restructurations, conquêtes de parts de marché), les résultats techniques des assureurs ont plongé dans le rouge : un groupe comme Axa a vu son ratio de rentabilité technique en assurance-dommages (c'est-à-dire le rapport entre les remboursements sur sinistres et ses primes encaissées) passer de 103 % en 1994 (soit une marge négative de 3 % sur ses primes encaissées) à 123 % en 2000 (marge négative de 23 %) ; cette même perte technique atteignait 132 % aux AGF, 108 % chez son actionnaire allemand Allianz ou chez le suisse Zurich et 122 % en moyenne chez les assureurs nord-américains. Afin d'afficher des profits, si possible en croissance, les assureurs ont ainsi été contraints de puiser dans leurs réserves : ils se sont mis à distribuer à leurs actionnaires les dividendes et plus-values en provenance de leurs portefeuilles boursiers, normalement destinés prioritairement à couvrir leurs risques ou leurs engagements à l'égard de leurs clients, en pariant sur une croissance sans fin des Bourses, qui gommerait leurs « provisoires » écarts de gestion. Patatras : en 2001 et 2002, quelques attentats, catastrophes naturelles ou accidents gravissimes joints au krach boursier les ont rappelés à la dure réalité de leur métier d'industriels de l'assurance, et non de jongleurs de la finance.

Un autre exemple de la priorité donnée à la logique financière sur la construction industrielle est celui des grandes compagnies aériennes internationales. Sans aller jusqu'aux excès de Swissair se lançant dans une diversification débridée et incontrôlée, ces compagnies ont progressivement abandonné le modèle traditionnel consistant à posséder leur flotte et à faire payer dans chaque billet vendu le remboursement de leurs avions et donc la constitution d'un patrimoine permettant d'amortir les à-coups de la conjoncture. En lieu et place, elles ont transféré aux banques et organismes financiers spécialisés, *via* la location ou le *leasing*, une fraction très significative de leurs flottes d'avion : environ 50 % en Europe à la fin 2001 (mais 80 % chez British Airways, la plus fragile) et 52 % chez les quatorze majors américaines (mais 78 % chez Continental et 63 % chez US Airways).

L'objectif était évidemment de réduire les besoins en capitaux en utilisant l'effet de levier de l'endettement, et donc de faire plaisir, à court terme, aux actionnaires. Mais on ne gagne pas toujours au casino (et même rarement) et, avec la chute conjoncturelle de la demande, aggravée par les attentats du 11 septembre 2001, les compagnies aériennes américaines ont éprouvé de grosses difficultés à régler les loyers mensuels des banques. Elles ont donc réclamé à cor et à cri une aide du Trésor américain, annoncé d'énormes pertes (7,7 milliards de dollars en 2001 et encore 5 milliards estimés en 2002) et commencé à faire faillite (avec US Airways puis United Airlines, deuxième compagnie mondiale). Quant à American Airlines, numéro 1 américain et mondial, son bilan 2001 apparaissait fortement détérioré, avec des dettes financières atteignant 11 milliards de dollars pour des fonds propres à peine supérieurs à 4 milliards de dollars.

Des bilans en folie

La construction capitaliste traditionnelle consistait à utiliser le bilan de l'entreprise pour créer puis financer le développement de son activité : les fonds propres et éventuellement les dettes servaient à construire les usines ou les bureaux, les équiper en machines ou ordinateurs, accumuler les stocks de lancement et souvent faire crédit aux premiers clients ; ensuite le *business* se finançait lui-même, puisque les fournisseurs, les salariés, les organismes sociaux et fiscaux et les sous-traitants étaient payés par les ventes.

Cette équation assez simple a connu ses premiers soubresauts dans les années soixante-dix avec l'apparition des multinationales, finançant des filiales pour leur expansion internationale et/ou la diversification de leurs métiers. Puis les années quatre-vingt-dix ont vu éclore l'imagination financière et l'utilisation des bilans à de tout autres fins : croissance externe, engagements et opérations de couverture hors bilan, camouflage des dettes et autres manipulations comptables, rachats d'actions, etc. Le but de cette « ingénierie financière » se résumait à accroître les risques afin d'augmenter les profits, en disséminant, afin de mieux les camoufler, les possibilités de pertes.

La croissance externe et l'endettement, par opposition au développement interne autofinancé, reposaient sur le postulat que les actifs rachetés procureraient une rentabilité supérieure au coût de la dette ayant servi à l'acquisition (le fameux « effet de levier »). S'y ajoutait le vieux rêve monopolistique du système capitaliste, fondé sur le rachat des concurrents afin de réaliser des économies d'échelle, de mieux pressurer les sous-traitants, d'augmenter les prix de vente et, en définitive, d'accroître les marges bénéficiaires. Enfin, la croissance externe a pu être utilisée par des entreprises traditionnelles, opérant sur des activités « mûres », voire vieillissantes, mais sources de confortables *cash flows*, pour pénétrer de nouveaux métiers en croissance et consommateurs de *cash*.

La « bulle TMT » (télécommunications, médias, technologies) de la fin des années quatre-vingt-dix a offert de multiples exemples de cette inflation bilantielle, alimentée par le passage de la prétendue « ancienne » à la « nouvelle » économie. Certains vieux monopoles des télécoms ou les nouveaux entrants sur des marchés déréglementés et révolutionnés par la technologie (cellulaire, Internet, fibre optique, etc.) se sont dès lors lancés dans une croissance externe démesurée. En France, le bilan de France Télécom est ainsi passé de 42 milliards d'euros en 1997 à 127 milliards en 2001, l'essentiel de l'augmentation provenant d'un endettement accru de 50 milliards d'euros pour financer l'arbre de Noël de son P-DG Michel Bon : rachat d'Orange, de Mobilcom, d'Equant, de TPSA, etc. De la même manière, en Allemagne, Deutsche Telecom a enregistré un doublement de son bilan et de ses dettes financières entre 1998 et 2001, tandis que les deux plus importants opérateurs téléphoniques européens se partageaient, pour moitié chacun, une dette colossale de 130 milliards d'euros.

Parmi les nouveaux entrants, si l'on excepte WorldCom et ses soixante-quinze acquisitions en cinq ans et Tyco (700 opérations de croissance externe en trois ans), l'exemple de Global Crossing, créé en 1997, apparaît particulièrement éclairant. Pour bâtir un réseau de fibres optiques de 160 000 kilomètres reliant toutes les métropoles mondiales, la société a investi à toute allure environ 10 milliards de dollars (en quasi-totalité par endettement) et, compte tenu des pertes de démarrage, a fait faillite fin 2001 avec 12,4 milliards de dollars de dettes financières. Elle a été reprise pendant l'été 2002 par des opérateurs asiatiques, qui ont racheté 61,5 % du capital pour 250 millions de dollars, et ont fait « boire la tasse » aux créanciers : les banques ont ainsi échangé 2,6 milliards de dollars de dettes contre 500 000 dollars en *cash* et 6 % du capital (soit l'équivalent de 24 millions de dollars sur la valorisation de faillite). Quant aux porteurs des 10 milliards de dollars d'obligations (principalement assureurs, SICAV, fonds de pension et banques), ils n'ont obtenu que 32,5 % du capital, équivalent à 130 millions de dollars. Bonjour les dégâts ! Rappelons ici, pour permettre la comparaison, que, lors de la crise d'Eurotunnel, les divers créanciers ont au moins obtenu la possibilité de prendre le contrôle de l'entreprise qui les avait emmenés droit dans le mur : du charme des investissements faits de briques et de mortier (*bricks and mortar*) !

Au total, les dettes nouvelles des opérateurs télécoms américains, y compris les nouveaux entrants, sont ainsi passées d'un montant annuel de 10 milliards de dollars au début de la décennie à 120 milliards de dollars en 2000 (trois années de suite au-dessus de 100 milliards de dollars). Au niveau mondial, le total des nouveaux prêts aux opérateurs télécoms et aux câblo-opérateurs a atteint, quant à lui, le chiffre faramineux de 439 milliards de dollars en 2000 (+ 162 % par rapport à 1998).

Dans un autre segment de la bulle Internet/médias, Jean-Marie Messier a entrepris la transformation d'un vieux monopole français de distribution d'eau, la Générale des eaux, en une *worldclass media company*. Le *cash flow* confortable en provenance des consommateurs français d'eau potable et autres services communaux devait couvrir le coût financier faramineux des acquisitions de Jean-Marie Messier à Hollywood : l'endettement net du nouveau groupe Vivendi Universal est ainsi passé de 8,5 milliards d'euros fin 1998 à 31 milliards fin 2001, alors que le *cash flow* n'augmentait que faiblement (de 4,5 à 6 milliards d'euros) à cause de la profitabilité insuffisante des nouvelles activités, notamment celle de Canal +. Le pari de Jean-Marie Messier a, *in fine*, été perdu et l'explosion du ratio d'endettement de deux fois à cinq fois les fonds propres lui a coûté son poste (bien plus que sa mégalomanie médiatique ou ses amitiés balladuriennes).

Une variante de la croissance externe passe par les échanges d'actions, dont certains conglomérats téléphoniques se sont fait une spécialité : le britannique Vodaphone l'a appliqué de façon assez vertueuse, rémunérant ses acquisitions dans le monde entier en utilisant ses propres actions comme monnaie d'échange et quasiment sans recours à l'endettement, alors que l'américain WorldCom a cru pouvoir utiliser les deux instruments et s'est pris les pieds dans le tapis. Sa boulimie de croissance externe a fait exploser son bilan de 24,4 milliards de dollars fin 1997 à 104 milliards à fin 2001 ; cette frénésie d'acquisitions à hauteur de 80 milliards de dollars a été « financée » par 51 milliards de dollars d'actions nouvelles (autant de *goodwill*, c'est-à-dire de survaleurs) et 22 milliards de dettes. Quand des doutes sont apparus sur la rentabilité de ces acquisitions, Wall Street a enfin compris que les vrais fonds propres (hors *goodwill*) ne dépassaient pas 8 milliards de dollars, faisant ressortir un ratio d'endettement intenable et contraignant la société à la faillite.

Les charmes du hors-bilan

Les engagements hors bilan et autres manipulations comptables ont été un autre sport extrêmement prisé au cours de ces années folles (nous y reviendrons en détail dans le chapitre suivant). Enron constitue, dans ce domaine, un cas exemplaire où l'imagination comptable apparaît tout entière destinée à tromper l'extérieur, afin de tenter de crédibiliser un *business model** quasi inexistant. Car la distribution et le négoce de produits énergétiques n'avaient pas vitalement besoin de ce type d'intermédiaire et auraient pu, même si ce système avait montré ses limites, continuer à vivre sous l'ancien régime des contrats d'approvisionnement à long terme.

C'est la mode de la dérégulation des années quatre-vingt-dix, couplée à l'accélération de la circulation de l'information et à la nouvelle fureur des places de marché Internet, qui a favorisé l'émergence de ces courtiers « virtuels » (à l'instar des *brokers on line** sur les places boursières). Or aucun modèle économique n'a prouvé l'utilité de l'achat au jour le jour pour les consommateurs industriels (voire particuliers, dans les rêves fous d'Enron) de produits énergétiques. De fait, la multiplication des achats/ventes n'enrichit que les intermédiaires prélevant leurs commissions. Le premier mirage inventé par Enron fut d'ailleurs de comptabiliser en chiffre d'affaires non pas les commissions perçues, mais l'ensemble des transactions réalisées pour le compte de ses clients : 139 milliards de dollars en 2001 au lieu de 8 milliards de chiffre d'affaires effectifs, ce qui permettait à son président de revendiquer haut et fort le cinquième rang dans le classement du magazine *Fortune* des grandes entreprises américaines (au lieu du deux cent trentième). C'est un peu comme si une banque comptabilisait en chiffre d'affaires les nouveaux prêts à sa clientèle au lieu de ses simples marges d'intérêt.

Mais l'inanité du *business model* d'Enron l'a assez rapidement contraint à la fuite en avant et l'a amené à ajouter au métier de *trader* celui, plus consistant, de producteur d'énergie et à pénétrer ces nouveaux « métiers » — si excitants — de la bulle Internet (*trading* de droits d'utilisation de circuits de télécommunications, vidéo à la demande, *trading* de risques de crédit, etc.). Or, investir dans du « dur », cela coûte cher : l'intensité capitalistique d'une centrale électrique n'est pas du tout la même que celle d'une salle de marché*. Les besoins en capitaux d'Enron ont donc explosé, au moment même où Wall Street exigeait une rentabilité (ROE, *return on equity**) élevée afin de justifier des niveaux de valorisation boursière astronomique.

D'où l'idée des dirigeants d'Enron de sortir les nouveaux investissements et l'endettement correspondant du bilan officiel de l'entreprise, et la construction progressive d'une « usine à gaz » constituée de centaines de filiales non consolidées. Tout cela grâce à l'imagination délirante du directeur financier, des banques d'affaires et de l'auditeur Arthur Andersen, tout ce petit monde jouant sur les mailles lâches du système comptable américain (tout ce qui n'est pas explicitement interdit est autorisé). Certaines de ces filiales (localisées dans des paradis fiscaux, avec quelques actionnaires minoritaires, ce qui permettait de ne pas les consolider) servaient ainsi de réceptacle pour le rachat et le financement correspondant d'investissements énergétiques. D'autres filiales servaient simplement à fabriquer du faux chiffre d'affaires, comme Yosemite, qui achetait du pétrole avec des prêts bancaires, puis le revendait à Enron dans le cadre de ses activités de *trading*.

In fine, la folie des grandeurs d'Enron l'a incité à manipuler à son profit le marché de l'électricité, en profitant de la crise énergétique en Californie, consécutive au sous-investissement et à la dérégulation des années quatre-vingt. En gros, il s'agissait d'acheter l'électricité dans les États réglementant les prix à la production, de la faire transiter par un État voisin puis de la revendre plus cher à l'État d'origine (qui acceptait, au nom de la pénurie, des prix plus élevés pour les importations).

Même le bon vieux France Télécom, hérité du monopole étatique et théoriquement surcontrôlé, n'a pas échappé à la mode du hors-bilan. Lors du rachat de l'opérateur britannique de téléphonie Orange au printemps 2000, France Télécom a rémunéré le vendeur Vodaphone en partie avec ses propres actions, en lui concédant une garantie de rachat à 105 euros par titre (à l'époque, celui-ci cotait 140 euros et Michel Bon, le P-DG de France Télécom, était convaincu d'avoir réalisé une bonne affaire). Cette garantie, qui ne figurait nulle part dans le bilan de France Télécom, sera exercée par Vodaphone quelques mois plus tard, lorsque l'action du groupe français ne cotait plus que 50 euros. La perte correspondante, de l'ordre de 7 à 8 milliards d'euros (soit un demi-scandale du Crédit lyonnais), n'a été constatée dans les comptes de l'opérateur français qu'à la fin du premier semestre 2002. Mais cela n'a pas suffi et France Télécom a également souscrit des engagements hors bilan de l'ordre de 6 milliards d'euros sur l'allemand Mobilcom, de 2 milliards d'euros sur Equant, et de quelques centaines de millions supplémentaires sur diverses opérations (TPSA, Wind, Eon, etc.). Au total, et après explosion de la bulle TMT, le champion français du téléphone avait sans doute accumulé pour près de 20 milliards d'euros d'engagements hors bilan, soit un tiers de sa dette officiellement publiée.

Quelques autres exemples d'engagements hors bilan pharaoniques méritent d'être narrés. La firme française Alsthom avait ainsi vendu au croisiériste américain Renaissance Cruise huit paquebots d'une valeur de 1,2 milliard d'euros, en « oubliant » de préciser qu'il avait cautionné les emprunts bancaires sollicités par son client. Lorsque ce dernier a fait faillite fin 2001, suite aux attentats du 11 septembre, les investisseurs ont découvert une perte potentielle pour Alsthom de quelque 700 millions d'euros, soit trois années de bénéfices nets et 40 % des capitaux propres du groupe.

Quant au groupe Vivendi Universal, il a été obligé d'admettre en mai 2002 l'existence d'engagements de rachat de ses propres titres : pour améliorer sa trésorerie et ses résultats, le groupe avait vendu des *puts** (options de vente de ses propres titres, ce qui l'obligeait à les racheter si leur cours descendait en dessous d'un certain niveau ; il s'agit d'une opération éminemment dangereuse et non recommandable, même pour le plus averti des spéculateurs !). La perte à l'échéance des options pourrait sur cette « manip » approcher le milliard d'euros : en effet, le groupe s'est engagé à racheter à 40-50 euros des titres qui ne cotaient plus en Bourse que 10-15 euros.

Cette explosion des opérations hors bilan dans les années quatre-vingt-dix, consécutive à la dérégulation et à l'émergence des marchés dérivés, s'est manifestée dans de multiples applications, des plus simples (couverture des risques) aux plus complexes (effet de levier, financements cachés, portages, etc.). La couverture des risques de change, de taux d'intérêt, voire climatiques, s'est effectuée à travers les marchés dérivés, organisés ou le plus souvent de gré à gré*.

Mais l'imagination des directions financières ne s'arrête pas là. Parmi les autres techniques financières couramment utilisées pour sortir des actifs du bilan figurent le *leasing* et la titrisation*. Le *leasing* consiste à transférer à une banque ou société financière des biens divers (immeubles, usines, machines-outils, moyens de transport, etc.), en leur versant un loyer et en s'engageant à racheter le bien à l'échéance. La titrisation, elle, consiste à transférer des créances/clients à des banques ou institutions financières, voire à les transformer en produits financiers placés auprès des investisseurs institutionnels, tout en conservant le risque de non-paiement, autre forme d'engagement hors bilan. Même punition, même motif : touche pas à mon bilan, ou comment rester toujours aussi mince comptablement alors que l'on est boulimique…

Rachats d'actions : toujours moins de fonds propres

Le rachat de leurs propres actions par les entreprises constitue une autre variante de la prise de risques bilantiels, puisqu'il consiste souvent à transformer des fonds propres en dettes financières. Cette pratique s'est considérablement développée dans les années quatre-vingt-dix, d'abord aux États-Unis, puis en Europe et au Japon. Au départ, les entreprises américaines l'ont justifiée par l'idée que, au lieu de distribuer des dividendes et donc des revenus imposables pour leurs actionnaires, il valait mieux utiliser leurs profits pour racheter leurs actions, afin de faire monter leur cours de Bourse et donc d'accroître leur patrimoine. Mais très rapidement, la technique a été dévoyée : les grands groupes n'ont pas seulement utilisé dans ce but leur seul *cash flow*, ils se sont endettés massivement pour pouvoir le faire. Et cela à un coût élevé, compte tenu de la prime de risque exigée par les banquiers ou les investisseurs obligataires.

Ce mouvement de *shares buy-back** (rachats d'actions) s'est accéléré avec la montée en puissance de la bulle financière : 55 milliards de dollars durant l'année 1995, 123 milliards en 1999, et encore 130 milliards en 2000 (soit 500 milliards de dollars au total en dix ans). En fait, ces *buy-backs* apparaissent surtout motivés par le souci des dirigeants d'entreprises américaines de soutenir voire de gonfler leurs cours de Bourse, afin de vendre leurs *stock-options* personnelles dans de bonnes conditions ou encore de défendre leur réputation de « bon manager ». Cela a puissamment contribué à l'explosion de l'endettement du secteur *corporate* américain, mais a aussi entraîné des pertes financières considérables.

À titre d'exemple, la firme américaine de micro-informatique Hewlett Packard a racheté entre novembre 1998 et novembre 2000 environ 128 millions de ses propres actions pour un coût global de 8,2 milliards de dollars. Sur la base des cours de Bourse de l'été 2002, ces actions ne valaient plus que 2 milliards de dollars, d'où une perte de substance de HP qui apparaît, avec le recul, exorbitante. Cela se traduit, en effet, par une baisse des fonds propres de la firme de 3 milliards de dollars et le gaspillage d'une année et demie de profits, qui auraient sûrement été mieux employés à financer la recherche-développement ou à former le personnel. HP n'est, bien sûr, pas la seule grande entreprise dans ce cas, puisque les plus grands noms de Corporate America ont fait de même : Microsoft (perte de l'ordre de 2 milliards de dollars en 2002), Intel (perte de 5 milliards), ATT (perte de 5 milliards), etc.

La morale de l'histoire

Ces chiffres font froid dans le dos. Mais, dans de telles circonstances, il convient de garder son sang-froid et même de prendre un peu de recul. Que retenir de ce nouveau capharnaüm financier ? Tout d'abord, commençons par rappeler que l'innovation financière a toujours existé. De la spéculation sur les bulbes de tulipe en Hollande au XVIIe siècle jusqu'aux barons voleurs au début du XXe en passant par les assignats au XVIIIe siècle, la finance, discipline éminemment flexible, n'a eu de cesse d'inventer de nouveaux produits, généralement (mais non exclusivement) pour contourner la réglementation et presque toujours pour profiter des exceptions aux règles de la concurrence pure et parfaite.

On peut toutefois considérer que, à l'exception de périodes très brèves, l'innovation, depuis non pas que le monde est monde, mais que le capitalisme est capitalisme, a été avant tout à dimension industrielle. Certes, les chemins de fer ont obligé à penser de nouvelles formes de financement, mais le véritable moteur du progrès technique et de la croissance était la vapeur et non l'obligation d'État. Que penserait Schumpeter, le premier grand théoricien de l'innovation, s'il revenait aujourd'hui dans une salle de marché ? Il y retrouverait certains de ses petits, notamment ceux concernant les ressorts de l'innovation. Mais il y a fort à parier que les modalités de transmission de l'innovation au processus productif l'amèneraient à revoir certains de ses paradigmes.

Si l'on cherche, à ce stade de notre quête, à s'en tenir à l'essentiel, on peut dire que la financiarisation de l'économie a eu trois conséquences principales.

Première conséquence : tout est dans tout et l'inverse. On a aujourd'hui beaucoup de mal à distinguer ce qui est financier de ce qui ne l'est pas. Il est clair que la diffusion accélérée des nouvelles technologies de l'information en particulier et le mouvement plus général de dématérialisation et de tertiarisation ont considérablement favorisé ce mélange des genres. Qu'est-ce qui distingue Enron de la banque d'affaires Morgan Stanley ? La matière première certes, mais aucun des deux ne la traite autrement que de manière immatérielle et, pour une bonne partie de leur activité, de manière totalement virtuelle. Le point essentiel reste que les instances de régulation du système n'ont pas pris l'exacte mesure de ce phénomène. Peu importe qu'Enron ou Vivendi Universal aient fait plus de finance que d'industrie : il aurait fallu simplement en tirer les conséquences, c'est-à-dire demander à ces groupes de solliciter un agrément d'intermédiaire financier (ou, mieux, de banque) et, dès lors, les soumettre pleinement et entièrement à la réglementation de ces métiers. Écrire cela aujourd'hui paraît radical mais concevable. N'oublions pas que, un an plus tôt, celui qui aurait fait cette suggestion aurait mérité... le gibet (social au moins).

Deuxième conséquence, bien connue celle-là : « Je veux mes 15 %. » C'est normal. Je suis, en tant qu'actionnaire, la matrice même de la croissance mondiale. Je dois être, pour cela, récompensé. Même si cette récompense doit être obtenue au détriment des uns (les salariés) ou des autres (les fonds propres des entreprises que je contribue à financer). Aux lecteurs de moins de cinquante ans, nous voudrions simplement rappeler que, dans des temps qui leur paraîtront très lointains, c'est-à-dire dans les années soixante-dix, on considérait que la croissance était, certes, favorisée par la mobilisation de capital, mais que le facteur travail avait, lui aussi, une petite part de responsabilité. Cela paraissait d'autant plus normal que le processus général de dématérialisation rendait chaque jour plus visible le rôle du capital humain. La révolution libérale des années quatre-vingt a durablement déséquilibré cette balance. L'actionnaire est devenu « l'*alpha* et l'*oméga* » du système. Au passage, tous les autres *stakeholders* (avant, on disait « partenaires ») de l'entreprise y ont perdu des plumes : salariés, fournisseurs, banquiers... Seuls les clients ont maintenu leur pouvoir et leur capacité de sanction, certes très indirecte, mais réelle. Un tel déséquilibre ne pouvait perdurer indéfiniment. Le rééquilibrage semble avoir commencé en 2002. Espérons-le au moins.

Troisième conséquence : le *short-termism* déjà évoqué. L'obsession du court terme qui frise, dans certains cas, la folie n'a pas pour unique cause la financiarisation. Disons que cette dernière en est un des principaux moteurs. Car c'est un des pouvoirs de la finance que d'être capable à tout instant d'énoncer un prix. Et c'est une des conséquences de la volatilité accrue que de rendre l'affichage de ce prix instantané plus nécessaire. Le *short-termism* n'a pas que des inconvénients.

Qui pourrait se plaindre, en effet, de disposer d'informations de plus en plus régulières ? Les difficultés commencent quand on fait l'hypothèse de la parfaite fiabilité de ces informations et, surtout, quand on se met à réagir de plus en plus brutalement à toute nouvelle information.

En 1991, Philippe Delmas dissertait sur les pouvoirs du « maître des horloges [1] ». Dix ans plus tard, la norme est devenue le « mètre des horloges », alors même que le temps industriel n'a pas changé, ou presque pas. Le financement du réseau hydraulique régional brésilien ou la rentabilisation d'un tunnel sous la mer (fût-elle la Manche) n'ont pas et n'auront jamais la même temporalité que celle (parfaitement respectable par ailleurs) des *golden boys*. Il faut en être conscient. Ah, si Schumpeter nous entendait…

1. Philippe DELMAS, *Le Maître des horloges*, Odile Jacob, Paris, 1991.

4

Creative accounting et autres métiers passionnants

« Il n'est point de serpent ni de monstre odieux
Qui, par l'art imité, ne puisse plaire aux yeux. »

BOILEAU

Il serait trop facile de critiquer les dérégulateurs et les P-DG et de faire de ceux-ci les responsables de tous nos maux actuels. Les premiers ont certes fourni le véhicule et les seconds ont appuyé sur l'accélérateur. Mais, en formule 1 (car on est bien depuis le début des années quatre-vingt sur un circuit de formule 1 financière), tout le monde le sait : un Grand Prix, cela se gagne au stand. C'est en travaillant sous le capot que l'on fait la différence. Dans ce domaine, les comptables ont énormément perfectionné la tuyauterie et, surtout, les banquiers d'affaires et autres ingénieurs financiers ont fait des miracles en mettant au point de nouveaux carburants… explosifs.

Comptabilité : la nef des fous

Pénétrons dans le paradis merveilleux de la « comptabilité créative ». Dans ce paradis, il n'est d'autres limites que l'imagination de ces nouveaux Le Nôtre que sont les comptables, les avocats et les banquiers d'affaires. Un livre n'y suffisant pas, on se contentera ici de faire rêver le lecteur, qui a déjà tant de mal à respecter les normes les plus simples et les plus strictes dans sa comptabilité personnelle ou dans celle de sa PME.

Commençons par le commencement : pourquoi ne pas doper un peu le chiffre d'affaires ? Pour cela, rien de plus pratique que les *hollow swaps*. Cette méthode consiste, pour des entreprises d'un même secteur, à s'échanger entre elles des produits sans débours financiers, sans bénéfice ni même d'échanges effectifs des produits : je te vends, tu me vends (par la barbichette) et nous gonflons ainsi, tous deux, de manière parfaitement fictive, nos deux chiffres d'affaires. Si la firme américaine Global Crossing a poussé cet art jusqu'à la quasi-perfection en matière de capacités de télécoms, n'oublions pas que les banques sont elles aussi passées maîtres dans l'art du *window-dressing* (ou, en d'autres termes, du *body-building* comptable) en fin d'exercice.

De même, qui n'a jamais pratiqué le *channel-stuffing* (bourrage des circuits de distribution), le *round-tripping* (aller-retour des fonds) ou, plus prosaïquement, l'« exercice fiscal de 375 jours » n'a définitivement rien compris à ce qu'est la comptabilité « moderne ».

Ce n'est pas fini. Pourquoi ne pas aussi diminuer ses charges ? C'est très facile. Certains investissements immatériels (comme, par exemple, le marketing ou les frais de recherche) peuvent ainsi être inscrits au bilan plutôt que, comme charges, au compte de résultat. Dans le même ordre d'idée, la toute bête technique du crédit-bail permet de s'enrichir (en acquérant des immobilisations) sans en supporter facialement les charges. Que veut le peuple ?

Ne nous arrêtons pas en si bon chemin. Les provisions pour amortissements ou pour risques (de toutes sortes : commerciaux, sociaux, financiers, etc.) constituent un moyen encore plus simple de faire dire aux comptes ce que l'on veut. Que n'importe quel banquier ou assureur nous dise le contraire ! Quand on est nommé P-DG, il suffit d'augmenter ces provisions pour faire porter à son prédécesseur le poids (et bien au-delà) de ses « évidentes erreurs de gestion ». Et quand on a soi-même commis de telles erreurs, il suffit de reprendre ces provisions pour donner une image « véritable et sincère » de son propre gouvernement d'entreprise... N'est-ce pas, M. Bernard Arnault ? Celui-ci, en classant à fin 2000 ses titres Bouygues en titres de participation, c'est-à-dire en placements à long terme, a pu s'éviter le désagrément d'afficher des moins-values à court terme sur ces actions (car le cours de Bourse était passé très en dessous de son prix d'acquisition). Simple « manip » comptable à court terme, mais difficile exercice d'équilibrisme économique sur la durée.

Dans la comptabilité anglo-saxonne — et malheureusement l'Europe a souvent suivi l'exemple —, les durées d'amortissement anormalement longues et le sous-provisionnement des risques, voire l'absence d'amortissement dans le cas du *goodwill*, sont devenus la règle, toujours dans l'optique de minorer les charges annuelles et donc de gonfler les profits publiés. Lorsque la réalité reprend ses droits (pertes sur immobilisations, sur créances ou survaleurs excessives), les entreprises ont pris l'habitude de pratiquer un *write-off** (amortissement exceptionnel) et de présenter des comptes prétendument *pro forma**, c'est-à-dire comparant les résultats hors charges exceptionnelles. Ce tour de passe-passe ne trompe toutefois que les analystes financiers et autres professionnels complaisants, car la perte sur les actifs en question est bien réelle et se retrouvera en diminution de la trésorerie ou en accroissement de l'endettement de l'entreprise.

C'est ainsi que, sur les trois premiers trimestres de 2001, les cent premières entreprises technologiques du Nasdaq* ont publié des profits cumulés de 19,1 milliards de dollars. Mais retraités des *write-off* et autres éléments *pro forma*, ces entreprises ont, en réalité, subi une perte de 82,3 milliards de dollars, soit une différence de 101,4 milliards de dollars ou encore 1 milliard de dollars en moyenne par société ! En Europe continentale, où les règles comptables obligent à amortir chaque année les survaleurs, le choix de leur dépréciation sur des durées longues (jusqu'à quarante ans) permet de maintenir des *goodwills* importants dans les bilans des grandes entreprises. Pour ne prendre que l'exemple français, sur un échantillon de quarante-sept entreprises ayant une capitalisation supérieure à 5 milliards d'euros, le montant global des survaleurs et autres actifs incorporels atteignait 60 % des fonds propres au début 2002 et la charge annuelle d'amortissement dépassait 20 % des profits pour une dizaine de sociétés, voire 100 % chez Vivendi Universal et France Télécom…

Et la cerise sur le gâteau — excusez-nous d'insister, car c'est un *must* —, c'est bien sûr le « hors bilan », que nous avons déjà eu l'occasion d'évoquer. Quand un élément d'actif ou de passif vous chagrine, quoi de plus simple que de le faire disparaître ? Pour désigner ce tour de passe-passe, les techniques et les appellations varient : titrisation, déconsolidation, *off-balance sheet classification*… Le principe est à peu près toujours le même. Vous créez une société pour y loger les éléments d'actif ou de passif que vous souhaitez « cantonner ». Pour financer cette opération, vous cautionnez un prêt bancaire à cette nouvelle filiale et, comme par miracle, ces actifs et ces passifs disparaissent de votre bilan, à condition d'ouvrir le capital de ce SPV* (*special purpose vehicle*) à des investisseurs prêts à supporter, à un prix intéressant pour eux, ce type de risque. Quoi de plus simple ? Enron, on l'a vu, s'est distinguée par le nombre de ces « structures d'allégement de bilan » (3 000 SPV, dont plus de 700 dans des paradis fiscaux), par la sophistication de ses montages et par l'implication de ses dirigeants dans le partage des « gâteaux » ainsi cuisinés. Mais depuis la déroute des *savings and loans** (caisses d'épargne) américains dans les années soixante-dix et, en France, depuis l'affaire Ciments français dans les années quatre-vingt et le scandale du Crédit lyonnais dans les années quatre-vingt-dix, on sait pertinemment que beaucoup d'entreprises font appel à ce type de montage comptable pudiquement qualifié de « portage ».

Autre manipulation comptable éminemment discutable : la prise en compte des rémunérations sous forme de *stock-options*. Généreusement accordées à leurs cadres par les entreprises high-tech de la Silicon Valley puis par beaucoup d'autres, au point d'atteindre jusqu'à 15 % à 20 % du capital, les *stock-options* américaines ont pour particularité d'être rachetées, après exercice par les bénéficiaires, par les entreprises elles-mêmes, notamment dans le cadre de leurs programmes de rachat d'actions. Il s'agit donc d'une charge de trésorerie future pour l'entreprise (à l'instar d'un salaire ou d'un intéressement différé), mais qui a l'immense avantage — et l'étonnante particularité — de ne pas être comptabilisée. En France, la situation est différente, car les *stock-options*, après exercice par leurs détenteurs, peuvent être conservées ou vendues en Bourse, et leur coût apparaît donc bel et bien supporté par les actionnaires existants sous forme d'une dilution de leur participation. Dans les deux cas, le traitement comptable de ce qui constitue une forme de rémunération des dirigeants aboutit à ne pas en faire supporter le coût direct par l'entreprise, et donc à majorer de façon trompeuse sa capacité bénéficiaire, en sus de tous les effets pervers précédemment énumérés. Certaines études ont montré que la comptabilisation des *stock-options* en charge salariale annuelle aboutirait à minorer la capacité bénéficiaire des entreprises américaines de 3 % à 5 %, et de beaucoup plus pour certaines firmes emblématiques comme Microsoft, Intel ou Goldman Sachs (15 % de bénéfice en moins pour cette dernière).

La dérive des fonds de pension anglo-saxons

Le traitement comptable des engagements envers leurs fonds de pension* de nombre d'entreprises américaines et anglaises est une autre forme de ces manipulations, mais dont les conséquences sociales sont beaucoup plus explosives. Traditionnellement, en effet, la dotation annuelle de l'entreprise au fonds de pension est calculée à partir d'hypothèses sur le rendement des actifs existants, face aux besoins des retraités actuels ou futurs. Au cours des années quatre-vingt-dix, beaucoup d'entreprises américaines ont retenu des hypothèses de rendement annuel aussi élevées que 11 %, en se fondant sur la croissance boursière (+ 17 % par an pour Wall Street).

Or, à cette époque, les actifs des fonds de pension américains étaient investis à hauteur de 65 % en actions, 19 % en obligations et 16 % dans d'autres placements (immobilier, capital-risque, etc.). Cette part prépondérante des actions a permis à certaines entreprises, dont les fonds de pension se comportaient bien dans le *bull market** (y compris les sociétés technologiques investissant une partie — voire la totalité — du fonds dans leurs propres actions), de ne pas passer de charges annuelles à ce titre, voire de reverser certaines plus-values dans leurs comptes de résultat : la hausse de la Bourse finançait ainsi les retraites des Américains ou des Anglais sans aucun effort financier de leurs employeurs !

Mais, depuis 2001, le retournement brutal des Bourses a révélé le sous-provisionnement (voire la disparition pure et simple, comme dans le cas d'Enron) des engagements de retraite des entreprises anglo-saxonnes. Ainsi, entre 2000 et 2001, le fonds de pension de General Motors a vu sa valeur boursière chuter de 78 à 67 milliards de dollars (et sans doute moins encore en 2002)... Du coup, le premier employeur privé américain, qui n'avait plus contribué au financement des retraites de ses employés depuis quelques années, a dû verser 2,2 milliards de dollars à fin 2001, et prévoyait un montant très supérieur en 2002, qui devra être prélevé sur ses profits ou ses fonds propres, et pénalisera durablement sa capacité bénéficiaire. Des estimations plus globales ont été réalisées sur l'impact du retour à l'orthodoxie dans ce domaine : selon un stratège de Merril Lynch, si les cinq cents sociétés composant l'indice boursier américain Standard and Poor's 500* avaient déduit de leurs comptes l'écart entre le rendement attendu et celui observé par leur fonds de retraite, leurs bénéfices auraient été inférieurs de 6,1 % en 2001 ; sur les trois cent quarante-deux sociétés du S & P disposant de plans de retraite (les autres utilisant un autre système dit « 401K », où chaque salarié épargne individuellement pour sa retraite), 82 % étaient ainsi sous-provisionnées à fin 2001.

Voilà un rapide aperçu des quelques techniques qui permettent aux entreprises de se parer des plus beaux atours comptables et donc de se présenter dans les meilleures conditions aux *beauty contests* boursiers (présentations financières). Deux remarques pour conclure sur ce point. La comptabilité n'est pas une science exacte et ne le sera jamais. C'est donc moins vers les cabinets comptables que vers leurs entreprises clientes que les yeux, les contrôles et les sanctions doivent s'orienter. Par ailleurs, ne nous laissons pas abuser : les tripatouillages comptables ne sont pas le monopole de vilaines entreprises privées. En France, les rapports de la Cour des comptes épinglent chaque année des éléments de « comptabilisation créative » dans la sphère publique. Certains fonctionnaires ont, dans le registre qui est le leur, leur fierté : nous aussi, on sait faire…

Des banques d'affaires pousse-au-crime

Personne n'a plus poussé à la financiarisation des entreprises que les banquiers d'affaires de Wall Street et de la City londonienne, au nom de leur intérêt bien compris : l'explosion des opérations financières (OPA, fusions-acquisitions, émissions de titres, transactions secondaires, nouveaux dérivés OTC, etc.) s'est répercutée sur leur chiffre d'affaires et leurs bonus individuels : de 1997 à 2000, les revenus cumulés des *big three** banques d'affaires américaines (Goldman Sachs, Morgan Stanley et Merril Lynch) ont quasiment doublé, passant de 38,4 à 69,4 milliards de dollars ; leurs profits avant impôt ont fait mieux, de 8,7 milliards de dollars en 1997 à 19,2 en 2000. Cela leur a permis de verser des rémunérations totales de 32,4 milliards de dollars en 2000 (contre 17,5 milliards en 1997) et, compte tenu d'effectifs de 137 000 personnes pour les trois firmes, la rémunération moyenne annuelle par salarié a atteint la somme confortable de 236 000 dollars, avec un important écart entre les personnels administratifs et de *back office* (payés 50 000 à 100 000 dollars) et les banquiers d'affaires et autres analystes financiers (de 250 000 à plusieurs millions de dollars). La même évolution se retrouve chez les banques d'affaires européennes : UBS-Warburg, CSFB, Paribas, Lazard, Rothschild. En 2000, on évaluait ainsi à 3 milliards de livres les bonus distribués dans la City de Londres.

Les systèmes financiers américain, européen et asiatique ont constamment et massivement poussé les entreprises à multiplier les opérations financières, en arguant de la déréglementation, de la globalisation et surtout de la prétendue révolution de la « nouvelle économie » : le montant total de fusions-acquisitions dans le monde est ainsi passé de 250 milliards de dollars en 1990 à 1 100 milliards en 1996 pour exploser à 3 500 milliards en 2000, avec 5 000 opérations dont les principales sont l'OPA de Vodaphone sur Mannesman (172 milliards de dollars), la fusion AOL-Time Warner (165 milliards), la fusion Pfizer-Warner Lambert (85 milliards), la fusion Glaxo-Smithkline Beecham (76 milliards), l'OPA d'Olivetti sur Telecom Italia (65 milliards) et, en France, l'OPA de Total sur Elf Aquitaine (53,5 milliards) ainsi que la fusion Vivendi-Seagram Universal (32 milliards).

Les introductions en Bourse ont connu la même croissance sans précédent, passant à Wall Street de cent soixante-dix sociétés en 1990 (pour l'équivalent de 4,8 milliards de dollars) à quatre cent quatre-vingt-huit en 1999 (pour 63,5 milliards) ! À Paris, en 1996, soixante sociétés avaient été introduites en Bourse (pour 6,5 milliards de francs) ; on en comptait cent quarante-deux en 2000 (pour 80 milliards de francs, soit douze fois plus) !

Enfin, les émissions d'actions nouvelles en Europe ont atteint le niveau sans précédent de 220 milliards d'euros en 2000, contre 65 milliards en 1996. Quant aux transactions sur les Bourses, elles ont littéralement explosé en dix ans : le volume d'actions échangées à Wall Street est ainsi passé de 40 milliards de dollars par an à la fin des années quatre-vingt à 250 milliards en 2000 ; et, sur le seul Nasdaq, les transactions annuelles sont passées de 30 milliards de dollars à 400 milliards sur la même période... Sur la Bourse de Paris, qui reflète assez bien l'évolution des Bourses européennes, les volumes de transactions ont suivi le même chemin : 100 milliards de francs annuels à la fin des années quatre-vingt, plus de 1 000 milliards en 2000...

La bulle spéculative de 1998-2000 sur le secteur TMT apparaît, certes, la conséquence boursière des révolutions technologiques du téléphone mobile et de l'Internet, mais elle a été largement amplifiée par l'aventurisme des principaux acteurs : opérateurs téléphoniques et groupes de technologie ou de médias bien sûr (dont les privatisations récentes, en Europe, avaient desserré les contraintes traditionnelles en termes de finance, de management et de contrôle des risques), mais aussi banquiers-conseils et autres opérateurs boursiers. On a assisté ainsi à une frénésie d'investissements soit directs (recherche-développement, achat de licences, équipement de réseaux, etc.), soit indirects avec de multiples rachats de concurrents afin de bénéficier des classiques économies d'échelle et/ou de marier contenants (réseaux téléphoniques ou portails Internet) et contenus (sites Internet et médias).

Portés par des marchés euphoriques et des intermédiaires directement intéressés, les acteurs des TMT se sont lancés dans une course de vitesse où les prix d'acquisition des clients, des parts de marché ou de la technologie s'autoréférençaient et montaient au ciel. C'est ainsi que le finlandais Nokia, soucieux de vendre ses terminaux portables, s'est affirmé comme le champion des excès de prévision sur le marché de la téléphonie mobile, tant en termes de futurs abonnés qu'en termes de revenu moyen par abonné (jusqu'à 90 euros par mois, ce qui aurait porté la facture moyenne mensuelle d'une famille de quatre personnes à 360 euros). Ces prévisions ont été largement reprises voire exagérées par les analystes financiers des banques d'investissement américaines et européennes dans leurs études et recommandations boursières. Sur ces bases, l'estimation par les analystes et les banquiers-conseils du prix d'acquisition d'un abonné au téléphone sans fil est monté jusqu'à 5 000 euros et a servi à justifier, en 2001, l'achat de la firme britannique Orange par France Télécom pour 30 milliards d'euros, ou celui de l'opérateur américain Voice Stream par Deutsche Telecom pour 38 milliards d'euros. Par la suite, ces évaluations ont été utilisées par les principaux opérateurs téléphoniques européens pour justifier les prix exorbitants qu'ils ont accepté de payer pour les licences UMTS* (téléphonie mobile de troisième génération) : au total 107 milliards d'euros dans huit pays.

Dans ce maelström, les banques d'affaires et leurs analystes financiers, à la fois juges et parties, ont joué un rôle trouble, à plusieurs niveaux. D'abord dans leurs modes de rémunération, mais aussi dans la confusion entre leur mission de conseil de clients et celle d'investisseur pour leur propre compte, ou encore dans l'utilisation d'informations privilégiées. Dans ce métier de banque d'affaires, la tradition des firmes de Wall Street consiste à payer à leurs salariés des rémunérations fixes modérées et d'importants « bonus », variables en fonction de l'activité et surtout des résultats du département. Or les commissions sont beaucoup plus juteuses dans les nouvelles activités de conseil (3 % à 6 % du montant du *deal* pour les fusions-acquisitions, les OPA et autres émissions d'actions sophistiquées) que sur le *business* traditionnel de courtier en titres pour les particuliers ou les institutions (0,2 % à 1 % des transactions boursières).

En prime, peut-on dire, analystes et banquiers d'affaires peuvent spéculer sur leur portefeuille personnel et profiter ainsi, par exemple, des décalages de cours sur les introductions en Bourse : un titre offert au public à 100 se retrouvait dans les premiers jours de cotation en Bourse à 150, 200 voire 1 000 dans l'euphorie de la bulle. Bien plus, ce rôle d'investisseur pour compte propre se retrouve au niveau des banques d'investissement elles-mêmes, qui gèrent à leur profit des positions de *trading*, voire des portefeuilles de capital-risque : l'idéal pour une firme de Wall Street devient alors d'investir au démarrage d'une jeune pousse (la fameuse *start-up**) de la nouvelle économie, puis de la mettre en Bourse après quelques mois, en additionnant la plus-value en capital et l'importante commission (5 % à 8 %) sur le placement des titres dans le public, et enfin d'organiser une émission d'obligations convertibles en actions s'appuyant sur l'envolée des cours, avec une nouvelle commission de 3 % à 6 %. L'analyste financier, devenu copain des dirigeants de la jeune pousse, touchera bien sûr un important bonus sur les diverses commissions, voire revendra les quelques actions personnelles acquises au démarrage d'une aventure qu'il aura défendue de bout en bout au nom de son intérêt bien compris.

Conflits d'intérêts et complaisances…

Tout cela est évidemment permis par une conception particulièrement laxiste de l'information « privilégiée » et des prétendues « murailles de Chine » (ou *Chinese wall**) entre les différents métiers, tant au sein des banques d'investissement que chez les autorités de tutelle. En théorie, les informations non officielles obtenues dans le cadre de l'activité bancaire (signature de nouveaux contrats, situation de trésorerie, projets d'acquisitions ou d'opérations financières, risques nouveaux et/ou cachés, etc.) ne devraient ni être utilisées par l'analyste financier, ni être communiquées aux autres opérateurs financiers dans le cadre de leurs recommandations boursières, et *a fortiori* dans le cadre de leurs interventions sur les marchés pour leur propre compte ou pour celui de leur firme.

Mais, en pratique, les informations privilégiées circulent abondamment, ne serait-ce qu'à travers les réseaux de relations sociales des uns et des autres. Dans le scandale de la société américaine de biotechnologie ImClone, survenu en décembre 2001, son président Samuel Waksal a ainsi été accusé d'avoir vendu un important paquet de titres à la veille de l'annonce du rejet par la Food and Drug Administration (l'administration américaine du médicament) de son médicament vedette contre le cancer du colon, l'Erbitux. De plus, il aurait permis à sa famille d'en faire de même, ainsi qu'à son amie Martha Stewart, architecte d'intérieur à la mode et souvent présentée comme la « grande prêtresse du bon goût new-yorkais ». Cette dernière aurait poussé la délicatesse jusqu'à vendre un gros paquet d'actions de sa propre entreprise cotée en Bourse (Martha Stewart Living Omnimedia Cy), lorsqu'elle apprit son inculpation qui a effectivement fait chuter de moitié le cours de son titre.

Le symbole de ces analystes financiers complaisants et intéressés reste toutefois Jack Grubman, de Salomon Brothers (importante firme de Wall Street ultérieurement rachetée par Citigroup), qui a théorisé la dérégulation des télécoms aux États-Unis dans les années quatre-vingt-dix, en s'enthousiasmant pour les nouveaux entrants comme Global Crossing, Winstar et autres WorldCom. Ses recommandations d'achat particulièrement agressives et ses apparitions multiples dans les médias ont permis à ces groupes de lever, auprès des institutionnels et des petits porteurs, des milliards de dollars ou encore de mener de nombreuses opérations de fusion-acquisition. Tout cela sera organisé et/ou financé par Salomon, qui a encaissé, pour ce faire, de coquettes commissions. Grubman n'abandonnera sa recommandation acheteuse sur WorldCom qu'en avril 2002, quelques jours avant la faillite, en admettant « s'être trompé sur la valeur » (*sic*). Un peu plus tard, il reconnaîtra devant une commission du Congrès américain avoir participé personnellement à trois réunions du conseil d'administration de WorldCom pour prodiguer ses conseils éminemment intéressés sur les multiples opérations financières du groupe. Tout cela ne l'empêchera pas d'empocher 32 millions de dollars à l'occasion de son licenciement en août 2002. Mais, la morale étant sauvée *in extremis*, il devra en consacrer une partie aux frais d'avocats, car il demeurait sous la menace d'une inculpation pour fraude par le procureur de New York dans le cadre de son enquête sur les conflits d'intérêts dans les banques d'investissement.

Au total, le rôle déterminant des bonus et autres formes d'intéressement des analystes financiers, banquiers d'affaires et autres *traders* contribue grandement à expliquer le manque croissant d'objectivité, de sérieux, et de professionnalisme de leurs recommandations. À la veille de la faillite d'Enron, 85 % des analystes spécialisés de Wall Street recommandaient ainsi la valeur à l'achat, et les autres se contentaient le plus souvent d'une opinion neutre. Plus généralement (selon une étude de l'agence financière américaine Weiss Ratings), les soixante-dix entreprises américaines cotées ayant fait faillite en 2002 faisaient ainsi l'objet de recommandations acheteuses de la part des *brokers** dans 31,4 % des cas ; dans 59,2 % des cas, les *brokers* conseillaient de conserver les titres ; et dans seulement 9,1 % des cas, ils préconisaient la vente. Bien plus : six mois avant la débâcle de ces sociétés, 55 % des recommandations des analystes financiers étaient acheteuses et 4 % seulement vendeuses. Ajoutons à cela que, dans ce métier, aux États-Unis au moins, la vertu n'est guère payante. Ainsi peut en témoigner l'analyste de Paine Webber qui a été licencié suite à ses recommandations de vérité sur Enron. On croit rêver !

Dans l'environnement des entreprises, les excès ne sont évidemment pas le monopole des banques d'affaires, mais s'étendent aux cabinets d'audit, à commencer par les *big five**, qui ont développé d'importantes entités de *consulting* aux côtés de leur rôle traditionnel de commissaires aux comptes des grandes entreprises mondiales. En 2001, les revenus cumulés des *big five* atteignaient 65 milliards de dollars (équivalant aux revenus des *big three* de la banque d'affaires), dont 26 milliards aux États-Unis. Dans ce dernier pays, la part de l'audit traditionnel variait entre 30 % et 60 % des revenus totaux ; un autre tiers provenait des conseils fiscaux et le *consulting* procurait le solde (35 % chez Deloitte, 31 % chez PricewaterhouseCoopers, 26 % chez Arthur Andersen).

Le principal problème apparaît, comme chez les banques d'affaires, dans la gestion des conflits d'intérêts : les cabinets d'audit sont en effet censés porter un jugement critique et indépendant sur les états financiers de leurs entreprises clientes ; mais, dans le même temps, ils développent une très importante activité de conseils, d'abord fiscaux, puis purement financiers, auprès de ces mêmes clients, notamment pour leur faire bénéficier des potentialités voire des failles de la réglementation existante. Les commissions de conseil étant plus juteuses que celles, traditionnelles et plus concurrentielles, d'audit, la tentation apparaît très forte de passer du conseil de prudence à celui d'audace…

En sus de leur rôle trouble dans le *consulting*, qui conduira Arthur Andersen à la faillite après le scandale Enron, les auditeurs américains font preuve d'une efficacité éminemment discutable dans leur rôle traditionnel d'audit des comptes des entreprises. Entre 1996 et 2001 (selon une étude de Bloomberg de mai 2002), les cabinets d'audit avaient ainsi approuvé sans réserve 54 % des états financiers des six cent soixante-treize grandes entreprises cotées en Bourse ayant fait faillite, et notamment ceux d'Enron, Global Crossing, WorldCom, Kmart, Comdisco, Federal Mogul, Owens Corning, Bethleem Steel, etc. Les auditeurs sont encore moins prévoyants avec les grandes firmes (76 % d'approbation pour les cinquante plus grosses faillites) qu'avec les petites (30 % d'approbations pour les cinquante plus petites), alors même que l'information interne et externe apparaît beaucoup plus abondante chez les premières.

Arrivés à ce stade, quelles conclusions, au moins provisoires, peut-on tirer ? Il est deux tendances inhérentes aux mécanismes de marché qu'il convient, sinon d'inverser, du moins d'infléchir.

La première tendance, impulsée par la dérégulation et nourrie (de manière roborative) par la mondialisation, est celle qui pousse à la *concentration* des métiers. Cette tendance est naturelle et bienfaisante dans de nombreux métiers pour lesquels jouent, en toute liberté, les économies d'échelle. Mais il est d'autres métiers, dans les services notamment, pour lesquels la concentration est porteuse d'effets externes très négatifs qui compensent largement les bienfaits de la croissance à tout prix. Qui peut désormais penser qu'un oligopole mondial des métiers d'audit sert les intérêts des entreprises et des épargnants réunis ? Ce qui est devenu aveuglant dans ce métier est vrai dans bien d'autres. La théorie de la « concurrence praticable » doit, de ce strict point de vue, être revisitée de fond en comble. Et les organismes de régulation doivent se libérer des schémas simplistes qui font du nombre d'opérateurs et des parts de marché les principaux indicateurs de perversion des règles de concurrence.

La seconde tendance qu'il convient de mieux baliser est celle qui débouche sur la multiplication des *conflits d'intérêts*. Sur ce terrain, la candeur est mauvaise conseillère. D'abord parce que les conflits d'intérêts au sein d'une même entreprise, au sein d'un même métier, de même qu'entre entreprises et entre métiers, ont toujours existé et existeront toujours. Ensuite, parce que ces conflits sont, dans bien des cas, nécessaires : ce sont les entreprises elles-mêmes qui, à la recherche d'un « service global », en imposent bien souvent la multiplication. Enfin, parce que se protéger des effets contre-productifs des conflits d'intérêts n'est pas chose facile : Arthur Andersen ne s'était-il pas le premier séparé de sa filiale de conseil ? Preuve s'il en était besoin que les réformes que le capitalisme doit aujourd'hui mettre en œuvre ne doivent pas se laisser distancer par l'esthétisme des apparences.

Ces principes, de prudence autant que de bon sens, étant admis, il n'en reste pas moins que tout doit être mis en œuvre aujourd'hui, non pas pour interdire par oukase les conflits d'intérêts, mais pour, d'une part, les limiter et, d'autre part, les encadrer. Les limiter, cela est parfaitement possible, nous le verrons, au prix de quelques interdits et surtout de quelques efforts d'autodiscipline. Pour les encadrer, rien de plus simple que de renforcer les règles de transparence. Tout peut être fait dès lors que c'est su. Le modèle libéral dit être l'apôtre de l'information accessible autant qu'objective. Qu'il soit alors pris au mot et qu'il fournisse les preuves de ses vertus dans ce domaine. Cela évitera, nous le verrons, bien des vices cachés.

5

Y a-t-il un pilote dans l'avion ?

> « Ne vous servez donc pas de ce terme élevé d'idéal quand nous avons pour cela, dans le langage usuel, l'excellente expression de mensonge. »
>
> Henrik IBSEN

Nous sommes ici dans le cœur du réacteur. *Caveat emptor* : que l'acheteur prenne garde ! Si les auditeurs ont pu « péter un câble », c'est que leurs clients l'ont bien voulu. L'ultime moteur de la croissance des années quatre-vingt et quatre-vingt-dix, c'est bien, d'abord et avant tout, l'entreprise. Comment celle-ci est-elle dirigée ? Qui détient véritablement le pouvoir ? De quels recours dispose-t-on si les « règles du jeu » ne sont pas respectées ? Pour rationaliser *ex post* ce qu'est le patronat nouveau (qui, à la différence du beaujolais, ne donne pas lieu à remise en cause qualitative chaque année), une nouvelle « science » a ainsi été inventée : le gouvernement d'entreprise.

Avant on appelait cela le « management ». C'était clairement anglo-saxon ; c'était principalement normatif ; et, cerise sur le gâteau, cela permettait de faire vivre de nombreux enseignants dans les *business schools*, quelle que soit la nationalité de celles-ci. Le gouvernement d'entreprise, ayant à aider au pilotage de l'entreprise en phase de concentration-mondialisation, s'est voulu plus modeste et, néanmoins, plus opérationnel. Il n'était plus question de dire aux futurs patrons ce qu'il fallait faire, mais de susurrer aux patrons en poste ce qu'il faudrait, éventuellement, faire pour plaire aux marchés. Le gouvernement d'entreprise s'est ainsi voulu formaté aux exigences de la période, face à la dictature du TRI* à 15 %. Comment respecter des règles minimales pour permettre au système de, gentiment, s'autoreproduire ? La réponse est d'une simplicité aveuglante : édicter des règles n'ayant pas force de loi, aussi vagues que faire se peut afin de permettre toutes les interprétations, couvrant le maximum de sujets afin que les problèmes de fond soient noyés dans les solutions de pure forme.

Corporate governance, mon œil

La « science » du gouvernement d'entreprise est née aux États-Unis, pays dans lequel elle s'appuyait sur une véritable culture boursière. Donner des armes aux actionnaires minoritaires pour intervenir de manière plus percutante en assemblée générale, à New York ou à Houston, cela peut avoir un sens. Encore qu'il ne faille pas se faire trop d'illusions sur la possibilité que les « dix commandements de l'entreprise cotée » soient respectés dans le fond si ce n'est dans la forme. Retour ici à Enron, qui s'était dotée de tous les attributs de gouvernement d'entreprise les plus sophistiqués : la firme n'avait-elle pas coopté quatre administrateurs indépendants à son conseil ? N'avait-elle pas désigné un « comité d'audit* » apparemment au-dessus de tout soupçon ? Jusqu'à ce qu'on découvre que trois de ses membres, supposés parfaitement objectifs, étaient financés en sous-main dans leurs activités professionnelles par la firme qui leur demandait de juger ses comptes.

Mais là n'est pas l'essentiel ou, au moins, le plus curieux. Ce qui force à la fois l'admiration et le respect, c'est que la « science » du gouvernement d'entreprise, forgée aux États-Unis, dans un pays où la culture de marché financier est profondément enracinée, a été exportée quasiment en l'état dans les pays européens, disposant de Bourses embryonnaires, d'une culture actionnariale moyenâgeuse et d'une maturité capitaliste périnatale. Soyons sérieux. L'économie française est-elle aujourd'hui correctement protégée des errements que nous avons évoqués, alors que, en apparence, le « bon » gouvernement d'entreprise n'est défendu, quelles que soient les qualités des personnes en cause, que par Colette Neuville (présidente de l'ADAM, Association de défense des actionnaires minoritaires) et Déminor (société européenne de défense des actionnaires minoritaires) ? La réalité française, et plus généralement européenne, est plus complexe et nous semble mériter mieux. Et ne pas reconnaître la spécificité de cette réalité confine, au mieux, à la candeur et, au pire, à l'inconscience...

Quels que soient les limites du gouvernement d'entreprise dans son pays d'origine et ses contresens sur ses terres d'exportation, force est de reconnaître que la réflexion sur ce sujet a permis de mettre en avant une contradiction du capitalisme nouveau. S'il est incontestable que l'actionnaire a retrouvé depuis le début des années quatre-vingt sa dignité et bien au-delà, on découvre également que la logique de celui-ci est susceptible d'entrer en conflit, au moins temporairement, avec celle des patrons opérationnels des entreprises. P-DG, cela veut dire quoi aujourd'hui ? Petit directeur généraliste ? Pauvre dirigeant gêné ? Si l'on est rigoureux, cela ne vaut pas beaucoup mieux. Et pourtant, il en faut des P-DG. Il faut des animateurs d'équipe pour conquérir les marchés.

Il faut des patrons pour prendre des risques et relever des défis. La solution ? Elle est simple. SO contre SE : *stock-options* contre siège éjectable. Jamais le *deal* n'avait été aussi clair.

Les *stock-options*, c'est le rêve. Ne pas payer des actions que l'on ne possède que si elles valent (beaucoup) plus cher que le prix auquel on ne les a pas payées ? Cette « carotte » explique, certes, le dévouement (temporaire au moins) des patrons à leur entreprise. Mais cela explique bien d'autres choses. Cela explique, pour partie, l'incompréhensible « paix sociale » qui a caractérisé la décennie quatre-vingt-dix. *Stock-options* (ou intéressement, ce qui revient au même) contre flexibilité et modération salariale. Dès lors que « demain on rase gratis », on serait bien impudent d'exiger d'avoir aujourd'hui de la « mousse à raser ». Mais cela explique aussi la relation de plus en plus incestueuse entre P-DG et médias. Ce n'est pas uniquement par souci de gloriole que la plupart des patrons s'affublent de « dircom » et se laissent bercer par le chant des sirènes médiatiques. C'est parce qu'ils valorisent ainsi au mieux leur dispositif patrimonial actuel (et néanmoins virtuel) et, surtout, qu'ils ensemencent leur trajectoire à venir.

Et pourtant, jamais la roche Tarpéienne du patronat n'a été aussi proche du Capitole d'entreprise. Car les actionnaires surveillent (ou, du moins, sont supposés le faire). Même si leur vigilance peut être prise en défaut, leur pouvoir de sanction reste intact. Et, aux États-Unis, ils se plaisent, quand les résultats ne sont pas au rendez-vous, à l'exercer. Toutes les stratégies d'« enracinement » mises en œuvre par certains P-DG n'y ont rien fait et les « parachutes dorés » (hormis quelques carrières construites *ex ante* sur ce dispositif assurantiel) paraissent, avec le recul, dans la plupart des cas, de bien illusoires lots de consolation. En France, pour qui a connu le capitalisme de compromis, conduit au cours des années cinquante à quatre-vingt à coups de contrôle familial et de consanguinité administrative, le changement de cap est brutal. Comment ne pas comprendre dans ce contexte que l'*affectio societatis* se soit diluée dans les SO et les SE ? Comment ne pas y voir le secret du *short-termism*, cette obsession du court terme qui fait si peur et que pourtant tout le monde respecte ? Nouveaux P-DG et *quarterly reports*, même combat ? Peut-être pas mais au moins, dans bien des cas, même horizon.

Les « années fric » de la décennie quatre-vingt-dix ont évidemment influé sur le comportement des P-DG et autres dirigeants d'entreprise. Traditionnellement discrets et habitués des clubs sélectifs, les patrons des grandes entreprises comme des *start-up* de la nouvelle économie se sont retrouvés projetés sous les feux de la rampe. Aux États-Unis comme en Europe, la médiatisation de la Bourse, accompagnant la hausse du Nasdaq et autres nouveaux marchés, a entraîné une explosion de la diffusion des médias spécialisés, depuis CNN et CNBC jusqu'aux pires « feuilles de chou », en passant par *Business Week* et autres *Expansion*.

Devant cette nouvelle demande d'information, y compris d'ailleurs dans les médias généralistes, les patrons se sont transformés en camelots, obsédés qu'ils étaient par leur cours de Bourse et leurs opérations financières. À cela s'est ajoutée une évolution du rôle des P-DG à l'intérieur même de leur entreprise. Abandonnant le management opérationnel à leurs ingénieurs ou commerciaux, ils se sont focalisés sur leur stratégie financière, et notamment sur la croissance externe, imposée par les marchés boursiers pour justifier des cours de Bourse toujours plus élevés. La hausse de leur titre est devenue leur préoccupation principale, soit pour préserver leur stratégie face aux prétendues visions à court terme des investisseurs institutionnels et aux appétits de leurs concurrents, soit, plus prosaïquement, pour défendre leur propre intérêt financier, *via* leurs *stock-options* ou leur participation directe au capital de leur entreprise.

Cette dictature du cours de Bourse a été accentuée par certaines pratiques financières, comme l'obligation imposée par

Wall Street de publier des résultats trimestriels. Les investisseurs, prétendument représentés par les analystes financiers, se sont ainsi mis à réclamer des croissances trimestrielles sans cesse renouvelées, voire des surperformances bénéficiaires par rapport à leurs estimations déjà très optimistes, car reposant sur des taux de croissances trop élevés par rapport au *trend* de long terme de l'économie dans son ensemble ou du secteur dans lequel évoluait l'entreprise. *In fine*, la pression imposée à leurs états-majors par les patrons vedettes a débouché sur des manipulations comptables destinées à majorer toujours davantage la profitabilité des entreprises. Certaines de ces manipulations s'inscrivent dans un cadre comptable laxiste, d'autres, nous le verrons, s'apparentant à de véritables escroqueries.

Une des raisons de la mégalomanie galopante (qui n'est en rien pouvoir effectif) de ces nouveaux P-DG tient au non-fonctionnement de la plupart des règles de *corporate governance*. Conseils d'administration, comités de nomination, d'audit, de rémunérations et autres structures de contrôle se sont révélés, dans bon nombre de cas, de simples chambres d'enregistrement à la solde des dirigeants autoproclamés. Malgré le renforcement des règles de séparation du pouvoir et du contrôle au sein des entreprises, notamment aux États-Unis, nombre de patrons ont ainsi conservé (pendant un temps au moins) la haute main sur les nominations et ont continué à s'entourer de proches ou de fidèles.

En France, où la *corporate governance* a plusieurs trains de retard, la plupart des grands groupes n'avaient toujours pas appliqué fin 2002 la loi sur les nouvelles régulations économiques (dite « NRE ») du 15 mai 2001 et séparé les fonctions de président du conseil d'administration et de directeur général. Malgré le rapport Viénot, qui préconisait en 1999 la nomination d'au moins un tiers d'administrateurs indépendants (ratio qui sera porté à 50 % dans les recommandations du rapport Bouton de septembre 2002), les conseils d'administration des grandes sociétés du CAC 40 étaient encore en

2001 constitués à hauteur de 46 % d'administrateurs liés à un actionnaire ou à un partenaire commercial ou financier, de 20 % d'administrateurs représentants du management, de 7 % de représentants des salariés et de 26 % seulement d'administrateurs indépendants. Plus d'une entreprise sur deux ne respecte ainsi pas les recommandations minimalistes du rapport Viénot. Et encore ce chiffre a-t-il baissé en 2001. Et encore ne s'agit-il là que des plus grandes entreprises cotées. Et encore faut-il s'entendre sur la définition d'administrateur indépendant au sens du rapport Viénot ! Un banquier ou un homme d'affaires éminent mais retraité est, dans l'esprit de cette bible du gouvernement d'entreprise, considéré comme un administrateur « indépendant »…

Quant aux grandes banques, leurs représentants continuent à truster les mandats d'administrateurs des sociétés du CAC 40 : les trois « vieilles » (BNP-Paribas, Société générale et Crédit lyonnais) détiennent ainsi trente-trois mandats (et si l'on ajoute le Crédit agricole, Lazard et Rothschild, on dépasse largement les quarante), alors que le conflit d'intérêts (problème que l'on peut résoudre, mais qu'il ne faut pas nier) relève à l'évidence de leur position de banquier prêteur ou de fournisseur de services financiers variés. Que penser par exemple de l'attitude de BNP-Paribas et de la Société générale, représentées toutes deux au conseil de Vivendi Universal, après la débâcle de ce groupe symbolisée par l'éviction de Jean-Marie Messier en juillet 2002 : allaient-elles défendre l'intérêt des actionnaires, soucieux de récupérer leur mise et donc de désendetter la société en vendant certains actifs avec prudence et parcimonie, ce qui suppose la durée ? Ou bien allaient-elles défendre les intérêts des banquiers du groupe, effrayés par les marchés et le pouvoir des agences de *rating** et poussant donc à vendre en catastrophe pour récupérer leurs créances (prioritaires sur celles des actionnaires) ? De la réponse à ces questions (et à bien d'autres) dépend le type de capitalisme que l'on se donne. Et que l'on mérite.

Le modèle américain : pas « top »

Le principal bénéficiaire des scandales Enron et WorldCom est incontestablement le président russe Vladimir Poutine. Pensez donc : cela faisait cinq ans que les États-Unis le morigénaient sur le thème de l'opacité de la vie économique russe, du fonctionnement « mafieux » de ses entreprises et, sur cette base, lui mégotaient l'accès au G7, club très fermé des pays qui ont le droit de diriger le monde. Et ne voilà-t-il pas qu'en juin 2002, à la veille de la réunion de ce club au Canada, le scandale WorldCom a confirmé au monde que, nouvelle version de la « guerre froide », les États-Unis contestaient à la Russie le monopole des turpitudes microéconomiques. Avec les attentats du 11 septembre, Poutine avait déjà gagné un blanc-seing en Tchétchénie au nom de la lutte contre l'« axe du Mal ». 2002 aura été, décidément, une bonne année pour un pays dont le PNB est, rappelons-le, comparable à celui de la Belgique…

Ce qu'il y a d'encore plus drôle (si l'on peut dire…), c'est la surprise marquée par les supposés spécialistes lorsqu'ils ont découvert que le « modèle » américain de gouvernement d'entreprise était devenu un exemple de ce qu'il ne fallait pas faire en Europe. En amont de ce « modèle » se trouve le droit anglo-saxon, ainsi fait qu'il s'appuie sur des règles et non pas, comme le droit romain qui inspire la législation européenne, sur des principes. La différence peut paraître abstraite et peu opérationnelle. Il n'en est rien. La traduction concrète du principe anglo-saxon est que « tout ce qui n'est pas interdit est, par définition, autorisé ». D'où une réglementation américaine foisonnante et d'une précision inouïe, visant à régenter tous les cas de figure imaginables. D'où également le rôle hypertrophié des avocats, toujours à la recherche de la faille réglementaire et toujours plus mobilisés pour contester des points de législation de plus en plus ésotériques. Mais d'où aussi, et surtout, de multiples tentations, pour les entreprises, d'exploiter tout *loophole* (niche fiscale) juridique en attendant que la brèche soit réglementairement comblée.

Découle de ce cadre très global (qui a certes démontré ses mérites dans certains domaines) un flou entretenu à coups de précisions de plus en plus « folliculaires ». Mais là ne s'arrêtent pas les dysfonctionnements du modèle américain. L'ensemble des professions qui touchent, de près ou de loin, l'entreprise, souffre d'un laxisme de leur cadre réglementaire qui fait apparaître, en comparaison, l'Europe comme un parangon de vertu. Pour ne prendre que l'exemple de l'audit, il est désormais de notoriété publique que le système américain, sur bien des points, ne tient pas la route. En Europe (ou, au moins, dans certains pays européens), le double commissariat n'est, certes, pas une panacée (le commissaire en second somnolant souvent à l'abri de l'imposante carrure du commissaire principal), mais le principe des « quatre yeux » apparaît de bon sens et il a, dans la plupart des cas, démontré son efficacité. Deuxièmement, s'appuyant sur le droit qui privilégie les principes aux règles, le commissaire aux comptes n'a pas un choix binaire (*to approve or not approve*), mais se trouve dans l'obligation de faire des réserves dès lors que l'on n'est pas dans l'univers du « tout noir » ou du « tout blanc ». Par ailleurs, par souci d'indépendance, le commissaire aux comptes est nommé non par les dirigeants de l'entreprise comme aux États-Unis, mais par l'assemblée générale des actionnaires. De plus, son mandat a une durée de six ans (et non d'un an comme aux États-Unis), ce qui renforce, temporairement au moins, son objectivité.

On pourrait continuer la liste, mais certains traits du modèle européen commencent (et commencent seulement : c'est là que le surréalisme économique repointe le bout de son nez) à être connus : l'obligation faite aux commissaires aux comptes, en France notamment, de dénoncer au procureur de la République, sous peine de poursuites pénales, tout acte délictueux dont ils auraient connaissance ; la tutelle de la Chancellerie sur leurs activités, et la présidence de leurs chambres de discipline par un magistrat ; un niveau d'embauche des cadres des cabinets d'expertise comptable plutôt supérieur à la moyenne (aux États-Unis, la règle est le BTS). Tout cela paraissait, jusqu'en 2002, trop cartésien et un rien archaïque. L'objectif n'est pas ici de tourner en ridicule le modèle américain, mais de faire prendre conscience, pour l'avenir, de certains charmes du modèle européen et plus particulièrement français, pourtant si souvent décrié.

Il est clair que les dérives du gouvernement d'entreprise américain ne se limitent pas seulement à l'audit. Les États-Unis ne peuvent, en aucun cas, se contenter de tempérance ! Alors que nous sommes pris de vertiges au bord de la Corniche sublime dans les gorges de l'Ardèche, comment juger le canyon du Colorado des errements des professions parafinancières américaines ? Les analystes et les journalistes financiers américains ont ainsi poussé jusqu'au bout, et sans garde-fous ou presque, la logique qui veut que l'on soit d'abord et avant tout un commercial de son entreprise. Les banques d'affaires se sont appuyées sur la réglementation pour démontrer à leurs clients qu'au pays du Nasdaq rien n'était véritablement impossible. Si l'on ajoute à cela une (très grosse) pincée de lobbyisme qui, aux États-Unis, constitue une véritable industrie (pas moins de cent personnes à plein temps chez Enron), nul ne peut s'étonner que la vision de la réalité s'est plus durablement et plus fondamentalement brouillée à New York qu'à Paris ou à Francfort.

Il en est de même des autorités supposées réguler les marchés. La SEC (Securities and Exchange Commission), qui, avec l'arrogance qu'autorise le regard admiratif des autres, donnait des leçons à tous les autres organismes de régulation dans le monde, apparaît, avec le recul, comme le roi : nue. Des moyens dérisoires (à peine 3 000 personnes pour surveiller neuf Bourses, soixante-dix systèmes de négociations, 5 000 sociétés d'investissement, 8 000 courtiers, 14 000 entreprises et, accessoirement, tous les marchés de gré à gré). Un patron (démissionné en novembre 2002 : trop tard) qui avait eu, dans le passé, en tant qu'avocat, trop de clients (dont dix, rien de moins, font l'objet d'enquêtes) pour pouvoir donner des leçons sans provoquer la suspicion. Non, si « rêve américain » il doit y avoir, on redécouvre (un peu tard) que, en matière de gouvernement d'entreprise, il s'agit plutôt d'un cauchemar.

L'ivresse des P-DG américains dans l'euphorie de la bulle TMT s'est, quant à elle, transformée, dans beaucoup plus de cas que l'on ne le croyait au départ, en escroqueries pures et simples, qui sont remontées à la surface en 2002. Les managements de Qwest et Global Crossing utilisaient ainsi abondamment une variante sophistiquée de la vieille technique de la « cavalerie ». Ces opérateurs téléphoniques gonflaient leur chiffre d'affaires en procédant à des échanges de capacité avec leurs concurrents ou à l'achat de services à des sociétés auxquelles ils venaient de vendre des équipements permettant de fournir ces services. La direction générale de WorldCom, de son côté, aurait gonflé ses profits à hauteur de 7,15 milliards de dollars sur quatre ans en passant des charges ordinaires (achats de temps de communications à des opérateurs locaux) en dépenses d'investissement, ou encore en reprenant des provisions constituées lors de fusions antérieures. Enron, nous l'avons vu, « boostait », quant à elle, son chiffre d'affaires en comptabilisant des ventes fictives à des filiales non consolidées.

Dans certains cas (notamment WorldCom, Tyco et Adelphia), les nouveaux P-DG se sont par ailleurs lancés dans des dépenses somptuaires pour leurs entreprises, mais aussi pour eux-mêmes : avions privés, résidences secondaires, voire pied-à-terre new-yorkais de 17,5 millions de dollars pour Jean-Marie Messier. Le P-DG de Tyco, Dennis Kozlowski, est, pour sa part, accusé d'avoir fraudé le fisc et sa société, en lui faisant acheter des toiles de maîtres pour son usage personnel. Adelphia, enfin, un exploitant de réseaux câblés, a vu son P-DG, John Rigas, et sa famille utiliser des centaines de millions de dollars provenant de la trésorerie de l'entreprise (rien de moins) pour financer leurs achats de titres personnels mais aussi des opérations de promotion immobilière, des spéculations boursières voire l'entretien d'une équipe de hockey…

Au total, et selon une étude du *Financial Times* sur les nouveaux *barons of bankruptcy* (les « barons de la faillite », en référence à ceux qui avaient défrayé la chronique au début du XXe siècle), les dirigeants des vingt-cinq plus grandes sociétés américaines ayant déposé leur bilan de janvier 2001 à janvier 2002 auraient empoché pendant les années 1999, 2000 et 2001, au titre de rémunérations diverses, la somme incroyable de 3,3 milliards de dollars. Carry Winnick, le patron de Global Crossing, arrive en tête du classement des « barons voleurs », avec 513 millions de dollars de rémunérations diverses sur trois ans ; Ken Lay et Jeff Skilling, respectivement CEO et *chairman* d'Enron, se sont enrichis, quant à eux, sur la même période respectivement de 247 et 89 millions de dollars ; K. B. Chandrasekhar, d'Exodus Communication, a touché pour sa part 131 millions de dollars ; etc.

Quant à Andrew Fastow, le fameux directeur financier d'Enron, il investissait avec ses proches dans les entités *offshore* qu'il créait, et se faisait racheter ses titres par la société et ses banques, sur la base de ses propres évaluations ; ce conflit d'intérêts pour le moins manifeste lui rapporta plus de 30 millions de dollars, pour une mise de fonds de quelques dizaines de milliers de dollars. Selon une autre étude du magazine *Fortune* portant sur les vingt-cinq compagnies américaines dont le cours a baissé de plus de 75 % entre janvier 1999 et mai 2002, les dirigeants de ces sociétés auraient vendu pour près de 22 milliards de dollars de leurs propres actions, encaissant ainsi les produits de la bulle Internet et de leurs mensonges au marché et laissant les pertes aux petits porteurs, il est vrai bien naïfs.

La justice a commencé à s'intéresser à la *greediness* (l'avidité, selon l'expression d'Alan Greenspan, le patron de la

Fed* de New York) des P-DG américains. Dennis Kozlowski a été ainsi inculpé pour fraude fiscale et pour destruction de preuves, tandis que les dirigeants d'Enron sont poursuivis, de même que John Rigas et sa famille. Quant aux actionnaires institutionnels ou particuliers des entreprises cotées en Bourse, ils se sont enfin décidés à se manifester dans les assemblées générales, en contestant les rémunérations excessives et autres avantages en nature concédées à certains P-DG, en critiquant leurs pratiques financières ou comptables et en remettant en cause les modes de nomination des organes de direction et de contrôle. Mais n'était-il pas déjà trop tard ?

Notre propos n'est pas ici de faire de l'antiaméricanisme primaire. D'abord parce que nous n'aimons pas, en général, hurler avec les loups. Mais surtout parce que la vitalité économique, qu'elle soit américaine ou non, a souvent pour ingrédients des imperfections qui, lorsqu'elles sont « tenues en laisse », dégagent des espaces de liberté indispensables au dynamisme et à la création de valeur. Notre réquisitoire contre certaines règles du gouvernement d'entreprise anglo-saxon vise d'abord à rappeler de quoi est faite la réalité, ensuite à rappeler les États-Unis au devoir de modestie et surtout à implorer les autorités des autres pays, en Europe notamment, pour qu'elles perfectionnent leur propre système de gouvernement d'entreprise qui, à nos yeux, dans bien des cas, se révèle plus performant. En évitant, bien sûr, de s'appuyer sur la dénonciation du système américain pour verser dans une autosatisfaction béate que la période en aucun cas n'autorise.

Rappelons ici, en effet, que, quelles que soient ses vertus, le gouvernement d'entreprise à l'européenne a aussi ses pauvres : d'Eurotunnel au Crédit lyonnais en passant par le groupe Kirch et autres Maxwell, des règles de *defeasance** encore plus laxistes qu'aux États-Unis aux holdings néerlandaises incontrôlables, de l'impossibilité de mener à bien des *proxy fights** à l'absence de *class actions** (instruments juridiques qui permettent tous deux aux actionnaires minoritaires de faire entendre leur voix), de *mitbestimung* à l'allemande en « capitalisme circulaire » à la française. Alors même qu'à l'automne 2002 est publié, en France, un rapport Bouton sur le gouvernement d'entreprise bien elliptique et, en Allemagne, un rapport Crome (du nom du président du directoire de Thyssen-Krupp) « fait par les entreprises pour les entreprises » (on ne peut mieux dire...) et alors que se prépare en France une loi sur la sécurité financière « légère et simple » (selon les ministres concernés), le moins que l'on puisse dire, c'est que l'Europe, non plus, ne peut pas se permettre d'avoir la conscience tranquille.

6

Quelques bons vieux principes

> Un jour tout sera bien, voilà notre espérance :
> Tout est bien aujourd'hui, voilà l'illusion.
>
> VOLTAIRE

Faisons une pause. Nous avons jusqu'ici décrit et analysé ce que le capitalisme mondial a vécu au début des années 2000. Avant d'essayer d'architecturer un cadre global permettant à l'entreprise capitaliste de se réformer, il n'est pas inutile, même si ce n'est pas très « glamour », de réfléchir quelques instants à ce qu'est véritablement, au plan théorique, le gouvernement d'entreprise.

Commençons par constater qu'il est peu de thèmes qui, comme celui-là, aient donné lieu à autant de travaux aussi divers, débouchant sur aussi peu de certitudes, théoriques aussi bien qu'empiriques. On a, dans ce domaine, un étrange sentiment d'« apesanteur scientifique ». Ce sentiment se perçoit sur le plan théorique. Peu de concepts émergent et ceux qui émergent, comme la « neutralité » ou même la

« contestabilité », n'ont qu'un « rayon d'action » limité. Plus grave peut-être, aucune méthode d'analyse ne semble s'imposer : d'innombrables tests empiriques existent, mais ils pèchent pour la plupart par leur déconnexion par rapport à une grille de lecture structurante.

Pour combler ce vide, nous voudrions proposer une méthode, qui allant du général au particulier, définit une séquence de déterminations biunivoques permettant de structurer la dynamique industrielle : les « conditions de base » déterminent les « structures », qui déterminent les « stratégies », lesquelles déterminent les « performances », des boucles rétroactives entre ces différents niveaux ayant pour finalité de complexifier, de nuancer et donc d'enrichir un schéma à vocation principalement pédagogique. Dans la cacophonie des recherches sur le gouvernement d'entreprise, cette méthode permet non pas de répondre à toutes les questions théoriques qui se posent, mais de les organiser et surtout de les hiérarchiser.

Les conditions de base

On se situe là tout en amont. Trois séries d'interrogations permettent de mieux baliser les déterminants essentiels du gouvernement d'entreprise.

Le degré d'extériorisation du contrôle

On distingue généralement deux grands types de contrôle qui s'exercent sur l'entreprise :

— le contrôle externe, dont les principaux constituants sont le cadre réglementaire, les organes de régulation et le marché ;

— le contrôle interne, qui repose sur un certain nombre de mécanismes (le vote, mais aussi l'injonction et son complément la sanction) et d'organes (dont, au premier rang, le conseil d'administration).

Le degré d'externalisation du contrôle varie selon les pays et selon les époques. Que constate-t-on si l'on prend un peu de recul ?

— Que les performances économiques des pays où le contrôle interne domine (Japon et RFA) ont, dans le passé, sur longue période, été plutôt meilleures.

— Que les errements du contrôle interne (qui n'apparaissent véritablement au grand jour dans l'entreprise qu'en période de crise et donc, généralement, trop tard), conjugués à la marchéisation croissante du financement des entreprises, ont conduit à remettre au premier plan les mécanismes de contrôle externe.

— Que le contrôle externe n'a de sens et d'efficacité que s'il s'appuie sur un contrôle interne effectif (son rôle étant, par le jeu d'une subtile mais inébranlable dialectique, de contrôler les procédures et donc… le contrôle interne).

Au travers de ces constatations historiques et de l'observation des crises de gouvernement d'entreprise qui ont secoué les principaux pays développés au cours de ces dernières années, il est possible de tirer deux enseignements. En premier lieu, il n'existe pas de degré optimal d'extériorisation du contrôle : celui-ci est un produit historiquement et géographiquement déterminé. En second lieu, il convient de tirer les conséquences du degré d'extériorisation que connaît un pays à un moment donné :

— afin de rééquilibrer progressivement le poids relatif de ces deux types de contrôle, dont aucun n'est *a priori* meilleur que l'autre (pour ne citer que deux exemples : la faiblesse du contrôle interne aux États-Unis et l'absence presque complète de sanction de marché au Japon se désignent d'eux-mêmes, dans ce domaine, comme des chantiers de réflexion complémentaire) ;

— afin de rendre effectif le contrôle dominant dans chacun des pays concernés (l'ineffectivité du contrôle interne a été maintes fois dénoncée, mais les progrès récents enregistrés en la matière ne devraient pas masquer les carences du contrôle externe dans les pays où celui-ci est dominant).

Les pôles d'influence

Par « pôles d'influence », nous entendons les différentes parties prenantes au gouvernement d'entreprise. Cette appellation (alternative à celle, encore plus vague, de *stakeholders* qui commence à faire florès aujourd'hui) témoigne de notre incapacité à spécifier plus précisément, à ce stade, le rôle joué par chacun des acteurs d'une pièce qui, en temps de crise, se transforme bien souvent en mélodrame. Elle a, au moins, le mérite d'être générique et donc de moins prêter le flanc à la critique que les exégèses qui visent à hiérarchiser de manière définitive le pouvoir et le contrôle. Les « pôles d'influence » traditionnellement mis en exergue sont les gestionnaires et les propriétaires, cette dernière catégorie étant éclatée par certains selon le degré de concentration de la propriété. Cette présentation, presque unanimement acceptée, tend à occulter une double réalité :

— celle de la porosité entre contrôles interne et externe : l'exemple du Japon est peut-être le plus convaincant, qui démontre que le contrôle interne y est dominant parce qu'il s'appuie sur une liaison étroite entre les organes de contrôle interne des grandes entreprises et le gouvernement japonais, lien aujourd'hui remis en cause mais qui a longtemps permis d'harmoniser deux types de préoccupations et d'objectifs présentés bien souvent comme inconciliables ;

— celle de l'entreprise comme organisme complexe : quels rôles jouent les salariés, en tant que « pôles d'influence » (représentés ou non par les syndicats) quand ce n'est pas en tant qu'actionnaires ? Quel rôle jouent les banques (notamment en période de surendettement et *a fortiori* dans les « pays intermédiés », c'est-à-dire assurant la majeure partie de leur financement au travers d'intermédiaires et non de marchés financiers), ces « gouverneurs d'entreprise » qui occupent une position à la fois « externe » (de prêteur) et « interne » (d'actionnaire) ? Dans un genre plus mineur, mais aujourd'hui non moins important, quelle est l'influence (et la responsabilité qui en découle) des commissaires aux comptes (pour toutes les entreprises) et des agences de notation (pour celles qui sont cotées) ?

Il faut « aérer » le concept de gouvernement d'entreprise. Le jeu du pouvoir dans l'entreprise ne se résume pas à un affrontement entre deux blocs homogènes dont les objectifs seraient irrémédiablement inconciliables. L'exemple de la lutte des classes témoigne de l'importance des alliances dans le domaine social…

Les « grandes familles »

L'expression utilisée ici l'est presque par boutade. Si nous revenons aux principaux « pôles d'influence » que sont les actionnaires et les « managers », encore faut-il tracer la genèse et le devenir de ces populations un peu particulières. Il existe ainsi une histoire du capitalisme familial comme il existe une entomologie du capitalisme institutionnel ou du capitalisme managérial. Quand on sait que 70 % des « managers » allemands ont débuté leur carrière dans l'entreprise qu'ils dirigent contre seulement 30 % en France, on comprend mieux la différence de culture et la difficulté de traduire dans la langue de Molière le terme *mitbestimung* (littéralement — mais littéralement seulement — codécision des salariés et de la direction de l'entreprise).

De même en est-il du pouvoir familial (mais, là, la différenciation se fait dans le temps) : significativement renouvelé grâce au développement des marchés financiers (la génération Bolloré succédant, en France, à la génération Prouvost), le capitalisme familial perdure en usant des nouvelles armes qu'il s'est progressivement forgées et qui rendent inopérantes les grilles de lecture antérieures. Comment les règles de transmission d'entreprise, qui sont au cœur du « gouvernement des PME », sont-elles ainsi affectées par la financiarisation de l'économie ? Compte tenu de l'accélération actuelle du renouvellement de générations au sein du patronat français, il est à craindre que la réponse à cette question, pourtant cruciale, soit apportée trop tard.

Nous ne sommes pas ici en train de marteler obsessionnellement la nécessité d'un repérage spatio-temporel des problèmes de gouvernement d'entreprise. Nous voulons insister sur la nécessité, dans un cadre historique et géographique donné, de ne pas considérer les « pôles d'influence » comme des catégories « idéal-type », mais comme des populations elles-mêmes traversées de conflits et de contradictions. Cela débouche sur une conclusion (provisoire) concernant les conditions de base du gouvernement d'entreprise : si de nombreuses disciplines doivent participer à l'analyse des fondements du gouvernement d'entreprise, la réglementation (et donc le droit) cristallise mieux que toute autre les tensions dont est issu un système donné de gouvernement d'entreprise. Et ce qu'il s'agisse de contrôle interne ou externe. C'est donc par l'analyse critique de la réglementation (de ses « erreurs », mais aussi et surtout de ses silences) que toute réflexion un tant soit peu structurée sur le gouvernement d'entreprise doit débuter.

Les structures

Après avoir réfléchi à ses racines sociales, il est utile de voir comment le gouvernement d'entreprise est organisé sur le plan pratique. Là encore, faute de cadre conceptuel global, nous procéderons par sondage en essayant d'isoler et d'expliquer ce qui nous semble constituer des variables clés.

La concentration du pouvoir

C'est à ce niveau que les dérives théoriques de l'analyse du gouvernement d'entreprise nous paraissent les plus criantes et que le parallèle avec la science politique nous paraît le plus fructueux. En ce qui concerne les dérives théoriques, nous faisons référence à l'abondante littérature consacrée, aux États-Unis principalement, à l'efficacité de la règle *one share, one vote* (une action, un vote). Au passage, il est amusant de constater que c'est alors même que l'actionnariat individuel semble refluer de manière définitive face à l'épargne institutionnelle que les charmes de cette épargne « particulière » sont loués avec le plus de vigueur et de constance. Mais là n'est pas l'essentiel.

Il importe davantage de dénoncer l'hypothèse sous-jacente à l'écrasante majorité des travaux consacrés au *one share, one vote* : une voix en assemblée générale pèse le même poids, quelle que soit la concentration du capital de l'entreprise considérée. Retour aux errements de la théorie de la concurrence pure et parfaite : le système fonctionne et est le plus efficient si tous les acteurs ont le même poids et le même accès à l'information. La conditionnalité est tellement lourde qu'elle disparaît du raisonnement… La différence entre *shareholder* (actionnaire) et *stakeholder* (partenaire) n'est pas simplement de degré ; dans bien des cas, elle est de nature. Il est temps de reprendre l'ensemble des débats sur le gouvernement d'entreprise en faisant l'hypothèse d'une profonde inégalité quant au pouvoir relatif des détenteurs d'un même droit. Le conseil d'administration y conservera-t-il la même fonction nodale ?

Quant au fond, faut-il encourager ou non la déconcentration des pouvoirs ? Le parallèle étant souvent fait avec la démocratie, les deux thèses contradictoires s'affrontent sans pour cela qu'aucune des deux emporte la conviction de manière définitive : aux charmes d'une surveillance plus étroite dans un contexte de concentration du capital ou du pouvoir sont, sans difficulté, opposés les risques de dérapage et de tyrannie. Un retour sur la théorie de la concurrence pure et parfaite permet peut-être de trouver une issue à ce dilemme. Ne faut-il pas raisonner en termes de vraisemblance des hypothèses ? Face à l'impossibilité de remplir les conditions d'une concurrence pure et parfaite sur le « marché » du gouvernement d'entreprise, ne faut-il pas assumer l'existence d'un (ou de plusieurs) oligopole(s) et en organiser le fonctionnement ? Assumer le *one share, heavy vote* n'est-il pas, dans ce domaine, plus efficace que de poursuivre éternellement la chimère égalitariste ?

Dans ce registre, il convient de dire un mot de la place occupée par les investisseurs institutionnels, qui nous paraît inadéquate. Soit ils sont négligés, soit ils sont traités de manière complètement indifférenciée. Ni trop d'honneur, ni trop d'indignité. Les « zinzins » sont peut-être les seuls acteurs véritablement nouveaux sur la scène du gouvernement d'entreprise. Ils ne peuvent, sans réduction stérilisante, être assimilés à aucune catégorie existante. À l'inverse, ils ne constituent pas un tout homogène. Il est aujourd'hui démontré que leurs centres d'intérêt et leur degré d'implication varient selon les pays. Le degré de concentration de la profession (qui est presque inversement proportionnel à son organisation) joue un rôle clé dans l'explication de ces disparités. Un peu comme si le pouvoir stérilisait ces nouveaux gouvernants. Nous y reviendrons.

Le conseil d'administration et la circulation de l'information

Au risque de choquer, le rôle joué par le conseil d'administration nous semble, dans l'ensemble de la littérature sur le gouvernement d'entreprise, largement surestimé. Certes, le conseil d'administration dispose, en théorie, de pouvoirs très étendus. Certes, il constitue le point de jonction entre les « managers » et les actionnaires (voire certains représentants du contrôle externe). Mais deux éléments au moins relativisent la représentativité de cette instance.

En premier lieu, comme pour l'actionnariat, l'inégalité des pouvoirs est la marque effective de la représentation au conseil d'administration. Faut-il alors responsabiliser les administrateurs de manière uniforme (comme c'est la tendance actuelle) ou, au contraire, assumer la dualité de fait des conseils (tendance que l'on retrouve avec l'officialisation du rôle joué par les « administrateurs indépendants ») ? Grave dilemme. Mais, quelle que soit la solution retenue, un second facteur vient relativiser le rôle du conseil d'administration : la complexification croissante des relations sociales oblige à éclater le concept de contrôle et de gouvernement, limitant d'autant le rôle des instances traditionnelles de représentation. Si le conseil d'administration remplit aujourd'hui en France le rôle du Conseil économique et social, n'est-il pas temps de repérer et de mieux contrôler ce qui tient lieu d'Hôtel Matignon ?

La diffusion (et son corollaire, le contrôle) de l'information est peut-être la clef de compréhension du gouvernement d'entreprise moderne. L'économiste japonais Masahiko Aoki est l'auteur qui a le mieux mis en lumière le rôle central de l'information dans le gouvernement d'entreprise [1]. C'est le contrôle de l'information qui fonde le pouvoir dans l'entreprise. Ce sont de véritables « barrières d'information » qui séparent et opposent les différents « pôles d'influence », les règles comptables servant de relais dans cette course à l'opacité. Dans un genre plus mineur, c'est la détention d'information qui spécifie le délit d'initié et qui fonde la responsabilité de l'administrateur. On pourrait multiplier à l'envi les exemples. Une piste de recherche mérite ici d'être ouverte : le contrôle par les organismes de tutelle ne devrait-il pas être redéfini sur la base de la « capacité informationnelle » des

1. Masahiko Aoki, « Towards an economic model of the Japanese firm », *Journal of Economic Literature*, mars 1990.

instances qu'elles contrôlent ? De ce point de vue, les États-Unis n'apparaissent-ils pas, à certains égards, trop transparents et certains pays européens trop opaques ?

Les stratégies

La structure du pouvoir est une chose, l'exercice de pouvoir en est une autre. Il est temps maintenant de mettre en lumière les implications théoriques du passage (ou du non-passage) à l'acte.

Hands on *ou* Hands off

Hands on ou *Hands off* : cette distinction, centrale dans les métiers du capital-risque, a le mérite de la clarté. Lorsqu'on détient le pouvoir, il y a deux moyens de l'exercer, soit en s'impliquant dans la gestion, soit, au contraire, en restant en retrait, se contentant alors d'un rôle de simple contrôle *ex post*. Dans ce dernier cas, l'implication peut être continue ou s'effectuer par voie d'exceptions.

Chacune de ces formes d'implication présente des avantages et des inconvénients. L'implication effective permet un contrôle *ex ante*, seul moyen pour influer véritablement sur le cours des événements, le risque étant alors celui du conflit d'intérêts, d'une part, et, surtout, celui de la mise en cause de la responsabilité en cas de crise, d'autre part. *A contrario*, la politique de contrôle passif (matérialisée par le désormais célèbre *Wall Street walk* : en cas de désaccord, quoi de plus efficace que de vendre les titres de la société dont on est actionnaire ?) associe l'objectivité à la quasi-impuissance.

Là comme ailleurs, la liberté de choix n'est que partielle. Le degré d'implication des « gouverneurs d'entreprise » (de même que le caractère plus ou moins diffus de leur contrôle) dépend très largement de la période et du lieu : n'est pas Calpers (premier fonds de pension américain) qui veut. Mais ce qui importe avant tout, quels que soient le pays et la période, c'est la « contestabilité » des instances de décision dans l'entreprise. Celle-ci doit être favorisée en toutes circonstances, afin de permettre aux deux modes d'intervention d'être équi-efficaces.

Mais, au-delà du choix entre deux modes d'implication, deux questions se posent :

— ce qui est envisageable au plan individuel l'est-il au plan collectif ? Si un actionnaire isolé peut (parce que c'est le seul choix qui lui est offert) se contenter d'un contrôle *ex post*, des actionnaires solidaires (même s'ils ne se perçoivent pas comme tels) ont-ils le droit de le faire ? Il est des « noyaux durs » de fait en dehors du mouvement de privatisation. Cette solidarité n'implique-t-elle pas une certaine dose de responsabilité ? Un hebdomadaire économique français dénonçait en 2002 le « silence assourdissant des OPCVM* ». La formule est élégante et le silence n'est-il pas, dans certains cas, coupable ?

— le cadre réglementaire ne prédétermine-t-il pas, plus que tout autre facteur, le degré d'implication ? Les « affaires » ont remis à l'honneur le pouvoir judiciaire. Il était probablement temps. Mais ne risque-t-on pas d'assister à l'avenir à une fuite des actionnaires comme des « managers » face à leur responsabilité ? Ce serait l'effet inverse de celui recherché. Le droit ne doit-il pas hiérarchiser davantage ses attendus (de même que ses sanctions) ?

Le short-termism

C'est la troisième fois (et la dernière, c'est promis) que nous abordons ce thème, notre insistance étant à la mesure de l'importance que nous accordons à ce concept. À nos yeux, en effet, la myopie actuelle du capitalisme conduit celui-ci à sa perte.

En matière d'exercice du pouvoir des actionnaires, le *short-termism* pousserait, selon certains, les entreprises à privilégier les résultats financiers à court terme au détriment de la croissance de longue période. Il est vrai que le développement des marchés financiers a conduit les dirigeants d'entreprise à privilégier la satisfaction des pulsions immédiates d'un actionnariat de plus en plus socialisé. Il est vrai aussi que le *short-termism* des investisseurs a conduit à celui des patrons, phénomène essentiel et nouveau, contribuant à fragiliser de manière durable l'*affectio societatis*. Mais, là aussi, deux questions peuvent permettre de rendre justice au *short-termism* si décrié :

— n'est-il pas nécessaire que certains actionnaires ne soient que « de passage » ? Un actionnariat stable, s'il est le garant d'une perspective de long terme, ne peut-il pas aussi, dans certains cas, être la caution des pires archaïsmes ?

— plus fondamentalement, il convient de se poser la question de l'antagonisme entre objectifs à court terme et à long terme. La contradiction est-elle si radicale ? Quelles sont les décisions qui se révèlent mauvaises à court terme et bonnes à long terme ? Nous conclurons momentanément sur ce point en disant que les méfaits du *short-termism* sont proportionnels à l'intensité capitalistique du secteur et à l'immatérialité des actifs concernés.

Notre « intime conviction » est, certes, que le *short-termism* produit des effets contre-productifs pour les entreprises. Toutefois, il faut reconnaître que trop peu d'études ont été faites pour sous-tendre scientifiquement cette intuition. Il nous semble que, dans ce domaine, l'essentiel de l'effort doit, une fois encore, porter sur la « contestabilité » des instances représentatives du gouvernement d'entreprise. Que le partenariat soit momentané ou durable, qu'il pousse à privilégier la finance ou la recherche-développement, peu importe, ce qui compte avant tout, c'est qu'il puisse être effectif.

Arrivés à ce stade, nous sommes bien conscients de ne pas avoir épuisé le sujet. Inquiets de constater que, plus on parle de gouvernement d'entreprise, plus celui-ci est mis à mal, nous avons voulu revenir à l'essentiel, c'est-à-dire au cadre conceptuel. Avant de basculer sur le versant propositionnel de ce livre, deux conclusions provisoires :

— en matière de gouvernement d'entreprise, tout n'est que relativité. Relativité historique, géographique, fonctionnelle : aucun modèle préétabli ne peut être appliqué en l'état. Le débat académique sur la convergence des modèles anglo-saxon et européen, dont certains font leur credo, nous semble aussi passionnant que la constatation du fait que l'Europe s'est, depuis peu, dotée de marchés financiers… Cela ne remet d'aucune manière en cause le fait qu'il existe un modèle européen de gouvernement d'entreprise et qu'il convient non pas de l'« américaniser », mais au contraire de le consolider dans le cadre de son « exception culturelle » ;

— le gouvernement d'entreprise ne se limite pas aux attendus des deux rapports Viénot (1995 et 1999) pas plus qu'à ceux du rapport Bouton (2002) ou du passionnant rapport Cadbury (1991) publié en Angleterre. Le gouvernement d'entreprise ne se résume pas à la « guéguerre » que se sont toujours livrée, depuis que le capitalisme existe, les propriétaires et le « management ». Si l'on veut l'appréhender dans sa globalité (ce qui constitue le seul moyen, à notre sens, d'en faire un instrument de progrès économique et social), le gouvernement d'entreprise doit être considéré comme l'articulation de l'ensemble des contrats, implicites ou explicites, qui structurent la dynamique de l'entreprise. À trop vouloir réduire (au sens culinaire du terme) cette complexité, le capitalisme a beaucoup perdu de son âme. Le gouvernement d'entreprise, c'est définitivement comme la peinture à l'huile : c'est plus difficile, mais c'est bien plus beau que la peinture à l'eau…

II

Les chantiers du renouveau

7

Prudence : réformes en travaux

> « Ce n'est rien d'entreprendre une chose dangereuse, mais d'échapper au péril en la menant à bien. »
>
> BEAUMARCHAIS

Réveillons-nous. Jamais les *hedge funds** n'ont été aussi nombreux que depuis la faillite du fonds LTCM* en 1999. Jamais les marchés dérivés ne se sont aussi rapidement développés que depuis le scandale Enron en 2001. Nous allons « droit dans le mur ». C'est la confiance même dans l'efficacité du capitalisme qui est en jeu. Or, la confiance ne se décrète pas ; elle se mérite. « Soyez intègres, cela vous rapportera de gros dividendes », comme le déclare *urbi et orbi* Warren Buffet, patron du fonds d'investissement américain Berkshire Hathaway. Ce dernier, chantre de la libre entreprise, a également déclaré en juillet 2002 : « Quelques P-DG ont fait un pas récemment vers l'adoption de pratiques comptables honnêtes. Mais la plupart continuent de dépenser l'argent de leurs actionnaires, directement ou par l'intermédiaire d'associations professionnelles, et à faire du *lobbying* contre les vraies réformes. Dans l'intérêt de leurs actionnaires et du pays tout entier, les P-DG devraient ordonner à leurs services comptables de cesser de sous-provisionner leurs fonds de pension et de se décider à passer en charges l'ensemble des rémunérations [*i. e.* y compris les *stock-options*]. Ils n'ont pas besoin d'études ou de nouvelles règles pour le faire. Ils ont juste à agir. » Car la réforme la plus urgente consiste à revenir sur terre et à appliquer de simples règles de prudence, d'honnêteté, de division des risques et de transparence. Mais, avant cela, encore faut-il définir ce que l'on entend par réforme.

Réformes : les fausses bonnes idées

Ah, qu'il est facile et agréable de proposer des réformes ! Il faut, pour cela, porter un diagnostic éclairé, s'armer de courage, avoir une ou deux idées directrices et tout le reste s'enchaîne naturellement. Dans la réalité, les choses sont, malheureusement, plus compliquées. Nous sommes convaincus que, afin de se revivifier, le capitalisme doit utiliser la crise actuelle pour se réformer en profondeur et notamment se réformer autour de l'entreprise. Enron, WorldCom et consorts doivent servir à quelque chose. Pour contribuer à la réflexion, il faut commencer par éliminer les « fausses bonnes idées », qui se sont multipliées depuis cette crise, ces idées étant émises, dans la plupart des cas, en toute bonne foi et avec les meilleures intentions du monde. On peut regrouper ces « fausses bonnes idées » en deux grandes familles : les « Sélafota » et les « Yakafokon »

Il paraît trop facile de désigner, aujourd'hui, une victime expiatoire quelle qu'elle soit. Et pourtant (signe que l'hypocrisie est le bouclier intellectuel le plus couramment utilisé dans l'histoire économique), alors que certains s'étaient faits les thuriféraires du « nouveau capitalisme », les mêmes ou presque endossent avec bonheur les habits de Savonarole. Les victimes sont faciles à identifier. La *mondialisation* tout d'abord, qui, parée de toutes les vertus hier, est devenue aujourd'hui responsable de tous les maux. Or, n'oublions pas que la mondialisation a permis d'enregistrer des taux de croissance historiquement élevés et, globalement, d'améliorer le niveau de vie moyen de la planète de manière très significative. Cela ne retire rien aux errements de certains et à une propension globale à l'accroissement des inégalités. Mais un certain discours antimondialisation pèche par sa globalité et son simplisme. Que faudrait-il faire ? Fermer les frontières ? Restaurer la planification étatique ? Retirer les entreprises de la cote ? Soyons sérieux : cette voie est sans issue.

Deuxième victime toute désignée, l'*entreprise capitaliste*. Elle serait nécessairement égoïste, cruelle, soumise aux caprices de dirigeants exonérés de tout contrôle, bref socialement déloyale. Ce sont moins les critiques émises à l'encontre de l'entreprise capitaliste qui nous choquent que le niveau d'analyse retenu. Quelles que soient les réformes en matière de gouvernement d'entreprise dont accouchera la crise actuelle, le problème ne peut être traité au seul niveau microéconomique. L'entreprise nouvelle, si entreprise nouvelle il y a, n'existera que dans, à travers et contre son environnement macroéconomique. Critiquer l'une sans fustiger certains aspects de l'autre, moderniser l'une sans réformer l'autre, cela ne sert à rien.

Dans la série des victimes toutes désignées au plan microéconomique, il y a aussi, bien évidemment, les *patrons*. Sur ce point plus encore, il faut refuser de lâcher la proie pour l'ombre. Le lynchage journalistique de Jean-Marie Messier apparaît encore plus ridicule que la canonisation médiatique dont il avait été gratifié jusqu'à sa chute. N'oublions pas que Jean-Marie Messier a créé un des rares « majors » mondiaux dont la France puisse s'enorgueillir. Et, de ce point de vue, il serait triste que son successeur, sous la pression des banques, fasse, à coups de cession d'actifs, du passé table rase. Par ailleurs, qui peut penser qu'interdire de gouverner tous les Jean-Marie Messier de la planète soit possible et, surtout, constitue une quelconque solution ?

Quatrième victime possible : la finance. La finance rend fou, c'est bien connu. Rendons plus visqueux les flux financiers ; reintermédions à tous crins. Bref, considérons que trop de fluidité financière finit toujours par créer de la « gadoue » industrielle et donc qu'il faut « bétonner ». Là encore, ce serait trop simple. Tout d'abord, il est absurde de considérer qu'un secteur d'activité économique quel qu'il soit dispose d'un *imperium* suffisant pour être la cause de dysfonctionnements embrasant l'ensemble de la planète économique. Certes, le secteur financier jouit aujourd'hui d'un statut de *primus inter pares*. Mais rappelons que la finance n'est pas l'apanage (et cela constitue un problème majeur) des financiers et, surtout, acceptons de reconnaître que le secteur financier est parmi ceux qui disposent des garde-fous les plus solides.

Enfin, n'oublions pas que la finance, avec tous ses défauts, a permis non pas de rendre virtuel ce qui était réel comme la nouvelle économie, mais, dans bien des cas, de rendre réel ce qui était, jusque-là, virtuel. Combien de *start-up* auraient pu voir le jour sans une contribution au moins partielle du système financier ? On peut, à juste titre, reprocher aux banques de ne pas en avoir fait plus dans ce domaine, mais quelles solutions alternatives existaient à l'action des fonds de *private equity** ? L'État ? Piteusement retiré d'une fonction qu'il ne savait pas assumer. L'épargne de proximité ? Absente, car allergique au risque. De même, combien de grands projets d'infrastructure auraient vu le jour, face au reflux généralisé des financements publics ? Eurotunnel ou le GSM brésilien, ce n'est peut-être pas l'investissement du siècle, mais cela existe. Enfin, combien de pays émergents auraient financé leur croissance sans la finance qui, dans ces pays, a souvent cher payé son panurgisme ?

Ayant évacué les « Sélafota », reste à éliminer les « Yakafokon ». Dans ce registre, une remarque de fond a la préséance. Si toutes les règles existant aujourd'hui étaient appliquées, l'écrasante majorité de dysfonctionnements provoqués par la mondialisation (pour simplifier) aurait pu être évitée. « Le diable est dans les détails », décrétait Nietzsche. Jamais cet aphorisme n'a été plus vrai : une large partie du cadre nécessaire au bon fonctionnement du gouvernement d'entreprise existe aujourd'hui. Reste à le rendre plus opérationnel et surtout à l'appliquer… en toute bonne foi. Ce préalable étant établi, les deux principales « voies sans issue » du « Yakafokon » sont la reréglementation et le châtiment.

La reréglementation, quoi de plus séduisant ? Nous ne sommes pas arrivés à maîtriser la mondialisation ? Rajoutons une couche de réglementation et les moutons seront, enfin, bien gardés. Rien n'est plus illusoire, pour trois raisons au moins. D'abord, parce que la régulation, dans bien des cas, nous l'avons dit, existe déjà. Pour ne prendre qu'un exemple, peut-être le plus parlant : ne considérons pas, à une exception près (et non des moindres : les relations avec les paradis fiscaux), qu'il y ait une disposition réglementaire véritablement nouvelle à adopter en matière de lutte contre l'argent sale. Juste un petit problème : faute de volonté politique et, dans certains cas, de moyens, le dispositif réglementaire existant n'est pas appliqué.

Deuxième raison : la réglementation est un art délicat. Ni trop, ni trop peu. Pas à côté de la plaque. Pas contestable. Harmonisable ou, c'est la même chose, généralisable. L'équilibre est très difficile à trouver. Là aussi, prenons un exemple parlant : la taxe Tobin. Des intentions généreuses au départ. Mais tant de défauts qu'elle en devient chimère. Comment penser qu'un prélèvement de 1 % au maximum sur les flux financiers à court terme (dont l'objectif de rentabilité, effet de levier oblige, est supérieur à 20 % ou 30 %) va freiner la spéculation ? Par ailleurs, tout le monde sait (sauf les hommes politiques en période électorale) que cette taxe n'aura d'efficacité que si tout le monde (au sens strict) l'applique. Avec les États-Unis d'un côté et les îles Vierges (nom prédestiné...) de l'autre, on n'est pas rendu.

Enfin, dernier travers de la réglementation, son caractère castrateur : car, pour créer de la valeur, encore faut-il en avoir envie. Les années soixante et soixante-dix nous ont fait payer au prix fort l'apprentissage de ce que pouvait coûter un excès de réglementation. L'esprit d'entreprise doit donc être maintenu, conforté et étendu. La productivité marginale d'une nouvelle réglementation doit, dans ce domaine, être minutieusement pesée.

Seconde voie sans issue : le châtiment. Dans l'univers judéo-chrétien qui est le nôtre, quoi de plus simple, voire de plus esthétique, que le châtiment ? Après les scandales qui agitent la planète de l'entreprise, qui ne rêve d'une place de Grève financière ? Cette dérive est pire que la précédente. Car le châtiment est, par nature, individuel. Or nous n'avons de cesse, depuis le début de ce livre, de démontrer le caractère, d'abord et avant tout, collectif des dérives actuelles. Ne pourrait-on pas, au moins, châtier ceux qui sont coupables de « pédophilie financière », c'est-à-dire ceux qui ont vraiment dépassé les limites ? Réponse du tac au tac, sous forme de nouvelles questions : à quel niveau mettre la barre ? Enrichissement personnel *versus* enrichissement pour compte de tiers ? Frontière entre le civil et le pénal ? Bon courage à celui ou ceux qui traceront la ligne blanche à ne pas dépasser. Par ailleurs, histoire vieille comme le monde et débat essentiel mais qui n'a pas, à ce jour, été tranché : la répression a-t-elle jamais définitivement éradiqué la délinquance ?

Que le lecteur ne se méprenne pas. Nous ne sommes pas en train de justifier l'accentuation de la déréglementation ou l'amnistie pour les délits économiques. Dans la cacophonie actuelle, nous voulons à tout prix éviter de mêler notre voix à celle de la meute qui, tout d'un coup, s'est découvert une solidarité clanique qu'elle récusait jusque-là au nom de la « libre entreprise ». Notre objectif est à la fois plus modeste et plus ambitieux : il est urgent d'établir une cartographie des réformes indispensables à un niveau très opérationnel, afin de tirer parti de la crise actuelle pour refonder un gouvernement d'entreprise qui, enfin, permette une compatibilité maximale (à défaut d'être totale : soyons lucides) entre efficacité économique et justice sociale.

Pour ce faire, nous proposerons treize « chantiers », qui constituent autant de cadres de référence pour la réflexion et pour l'action, ainsi que soixante mesures concrètes permettant d'atteindre notre objectif (depuis mai 1981, on a renoncé aux « cent propositions » : cela porte malheur...). Cette démarche est dictée par la conviction que la crise est globale et ne peut donc être résolue par des mesures ponctuelles, aussi radicales soient-elles. Certes, les mesures que nous présentons ici n'ont pas toutes la même temporalité. Cela n'est pas, pour nous, l'essentiel : nous avons fait le choix de n'établir aucune priorité. Notre programme est, en quelque sorte, « à prendre ou à laisser ». Comme François Bloch-Lainé, nous pensons, en effet, que « rien n'est possible sans une réforme d'ensemble et sans des changements profonds dans les manières d'être et d'agir [1] ». La difficulté supplémentaire tenant aujourd'hui au fait que des réformes mises en œuvre dans un pays risquent de pénaliser celui-ci si, s'exposant face à l'« ennemi », il découvre, en se retournant, qu'il est seul à le faire...

Si notre approche se veut ainsi globale, nos certitudes ne sont pas toutes aussi profondément enracinées. Serait-ce l'effet de l'âge ? Nous ne le pensons pas. Nous pensons — ou plutôt nous sommes convaincus — que cela reflète le degré inégal de maturité des thèmes que nous abordons. La réflexion approfondie sur les mécanismes du gouvernement d'entreprise, au-delà des poncifs habituels, est trop récente pour que, sur tous les sujets abordés, les certitudes soient aussi solides. S'ajoute à cela le fait que certaines mesures que

1. François BLOCH-LAINÉ, *Pour une réforme de l'entreprise*, *op. cit.*, p. 12.

nous proposons s'imposent, à notre sens, de manière aveuglante, même si, pour certaines, elles s'inscrivent en faux (ou au moins en décalage) par rapport au discours de référence, alors que d'autres nécessitent une approche et une mise en œuvre plus nuancées ou plus flexibles. Ainsi classerons-nous en deux catégories les mesures « yapafoto » et les mesures « kivapiano vasano ».

Enfin, il est une dernière catégorie de mesures sur laquelle nous attirerons l'attention du lecteur : il s'agit de celles que nous pensons indispensables, mais à propos desquelles nous nous interrogeons sur leur « nocivité ». Le capitalisme est aussi fragile microéconomiquement qu'il est solide systémiquement. Certaines mesures que l'on peut qualifier de « salut public » font jouer des ressorts qu'il faut s'efforcer de ne pas tendre au-delà du point de rupture. Ainsi en est-il, pour ne prendre qu'un exemple, de celles qui concernent la responsabilité des dirigeants. Certes, il est absolument nécessaire d'appliquer (voire d'accroître) les sanctions visant les dirigeants qui, d'une manière ou d'une autre, ont « piqué dans la caisse ». Mais au-delà de cette frontière qui, elle-même, n'est pas si facile que cela à tracer, c'est sinon l'inconnu, au moins l'incertain. Comment faire en sorte que la nécessaire moralisation des pratiques managériales ne débouche pas sur la répulsion d'entreprendre ? Certains métiers doivent être impitoyablement *risk averter* (ceux qui touchent à la gestion des intérêts de tiers), mais cela ne doit en aucun cas s'appliquer à la fonction d'entrepreneur. Nous avons donc, dans ce registre, choisi la prudence.

Réformes : les vrais débats de fond

Avant d'aborder la présentation des mesures que nous considérons comme refondatrices (ce qui ne veut pas dire, car tel n'est pas notre propos, originales dans tous les cas), un préalable s'impose à l'évidence. En amont de la mise en œuvre de toute mesure réformatrice, un débat doit s'instaurer sur les principes mêmes d'un nouveau gouvernement d'entreprise. Il est ainsi trois principes sur lesquels il convient de prendre parti.

Le premier est celui de la régulation elle-même. Contrairement à George W. Bush et à quelques autres, répétons que la solution ne passe pas (exclusivement) par le châtiment d'individus, aussi coupables soient-ils : la réponse à la crise de confiance actuelle ne peut, en aucun cas, être individuelle. Alors, que faire ? Une solution souvent avancée consiste à faire confiance au fonctionnement du système, en considérant que tous les dysfonctionnements conduisant à des équilibres « sous-optimaux » s'élimineront d'eux-mêmes. Une autre consiste à ne pas faire confiance au marché et donc à intervenir et à réguler. Notre conviction est que l'on peut élaborer une solution intermédiaire, qui accepte de considérer que les hypothèses de la concurrence pure et parfaite ne sont pas — et ne seront jamais — respectées de manière satisfaisante.

Dès lors, même si, dans certains cas, le jeu de la concurrence peut se suffire à lui-même, il faut, dans de nombreux registres, ne pas hésiter à intervenir. Intervenir, non pour tout contrôler, mais pour rendre possible un équilibre accepté comme « sous-optimal ». Cela consiste à contraindre les opérateurs de telle sorte qu'ils soient amenés à préférer le fonctionnement le moins imparfait possible des marchés. Si l'on renonce à considérer la perfection comme le seul objectif possible, rien n'empêche de disséminer des « grains de sable » qui, sans bloquer la machine, évitent à celle-ci la surchauffe que produit nécessairement tout emballement. Cette voie n'est pas la plus simple, car elle nécessite de calibrer les grains de sable de manière suffisamment précise pour éviter que la machine soit se grippe, soit tourne à vide. Mais c'est la solution la plus réaliste et surtout la seule.

Deuxième principe à définir, dès lors que l'on accepte la possibilité d'une certaine forme de rerégulation : celui des *types de régulation* à mettre en œuvre. Trois solutions existent si l'on s'en tient à l'essentiel : l'autorégulation, la régulation indépendante (comme, en France, l'Autorité de régulation des télécommunications ou le Conseil supérieur de l'audiovisuel) et la régulation étatique. L'autorégulation, comme l'a clairement démontré l'exemple des commissaires aux comptes, n'a plus lieu d'être : il faut cesser, une bonne fois pour toutes, de mettre les opérateurs, quels qu'ils soient, dans la situation d'être juge et partie.

Entre les deux solutions qui restent en lice, notre préférence ira à la régulation étatique. Nous savons bien que faire ce choix n'est pas dans l'air du temps. De multiples voix, et non des moindres, se sont ainsi élevées pour écarter toute tentative de réglementation nouvelle. Nous pensons, au contraire, que notre position ne fait qu'anticiper à la marge ce qui deviendra bientôt une évidence : plus le marché occupera du terrain, plus celui-ci devra être balisé. Et il appartient à l'État d'assurer cette fonction essentielle de balisage. État ne signifie bien évidemment pas nécessairement État-nation. État signifie pouvoir politique, quel qu'il soit, chargé de défendre l'intérêt public. De même, « intervention de l'État » ne signifie pas nécessairement qu'il faille dans tous les cas légiférer.

Dans certains cas, cela se révèle certes indispensable, la vertueuse autodiscipline servant trop souvent de paravent à l'immobilisme : les patrons français en ont donné l'exemple, avec le principe de non-cumul des mandats et celui d'affichage de leurs rémunérations, que même la loi de 2001 sur les NRE (nouvelles régulations économiques) peine à instaurer. Il faut souhaiter que Jean-Pierre Raffarin et Francis Mer s'en souviennent au moment où se prépare la loi sur la sécurité financière censée définir le nouveau gouvernement d'entreprise à la française. Mais, dans bien des cas, on peut et on doit faire l'économie du législatif. Quand le code de bonne conduite se révèle suffisant, préférence doit lui être systématiquement donnée. Sur les soixante réformes que nous proposons, une dizaine tout au plus relève ainsi du domaine législatif. Balisage par l'État ne doit en effet en aucun cas être synonyme d'empierrage. L'intérêt public doit primer, mais jamais subordonner l'intérêt privé. Pour cela, de même qu'une réforme de l'entreprise est indispensable, une réforme de l'État constitue, nous le verrons, une « impérieuse nécessité ».

Troisième principe en cause : celui de la *transparence*. Il est trop facile de brandir l'étendard de la transparence comme ultime solution à tous les maux. Il y a bien sûr, dans ce domaine, encore de nombreux progrès à faire, notamment en matière de normes d'affichage des produits financiers vendus aux particuliers : quand décidera-t-on enfin d'appeler un chat un chat et une SICAV « alternative » (ce qui ne veut rien dire) une SICAV « à fort effet de levier » donc à haut risque ? Mais, *a contrario*, la transparence, si l'on y réfléchit, n'est-elle pas la négation de la « muraille de Chine », indispensable, dans bien des cas, au principe d'objectivité ? Au niveau macroéconomique, la transparence n'a-t-elle pas, d'une certaine manière, causé la perte, en 2002, de l'Argentine, élève trop zélé du FMI ? Par ailleurs, la transparence peut-elle faire disparaître complètement les « asymétries » d'information ? La transparence pour qui ? Paradoxalement, sur ce point, nous adopterons une position nuancée : la transparence ne peut en aucun cas constituer un but en soi. Elle n'a de sens que si elle améliore le fonctionnement des mécanismes économiques. Il n'est pas sûr, par exemple, que l'affichage des salaires des P-DG aille dans ce sens. Pas plus que l'*imperium* de l'information financière trimestrielle (et néanmoins non déchiffrable). Disons que la qualité de la transparence compte, pour l'avenir, au moins autant que la quantité de cette variable éminemment ambiguë.

Mais avant d'en arriver là, deux remarques complémentaires s'imposent. Dès lors que l'on veut réformer, il faut renoncer à toute hypocrisie. Ce n'est pas en faisant revenir les *papies* du capitalisme français (ils se reconnaîtront eux-mêmes) sur le devant de la scène que l'on sauvera Vivendi Universal. Ce n'est pas en supprimant les *stock-options* que l'on créera les conditions d'une meilleure cohésion sociale au sein de l'entreprise. Ce n'est pas en refusant les fonds de pension, comme l'a suggéré François Hollande, que l'on réglera le dilemme risque/rendement pour le financement des retraites. Ce n'est pas, enfin, en disant « non » à tout (comme continue, avec une touchante constance, à le faire le leader de Force ouvrière Marc Blondel) que l'on pourra reconstruire l'entreprise et son cadre réglementaire. Il faut savoir tourner le dos à nos vieux automatismes de même que renoncer définitivement à toute forme d'irénisme. Des réformes, il en faut. Et des réformes originales surtout. Sachons donc affronter les risques que cette exigence implique.

Par ailleurs, sachons prendre, en Europe, quand cela s'impose, exemple sur les États-Unis. Nous avons assez critiqué le modèle américain pour ne pas lui rendre, à ce stade, hommage. Non pas que les États-Unis de 2003, présidence républicaine oblige, soient prêts à affronter toutes les réformes qui nous semblent s'imposer. Pour ne prendre qu'un exemple, la question de l'inscription des *stock-options* en charges pour l'entreprise ne semblait guère, fin 2002, susceptible d'être examinée au Congrès (*lobbies*, nous voilà...). Non pas que les États-Unis n'aient pas une tendance irrépressible à individualiser ce qui devrait être collectif. Mais force est de reconnaître que l'Amérique a, sur bien des points, déjà accepté de « prendre le taureau par les cornes ».

Libéral toujours, ce pays sait être interventionniste quand il le faut (au risque même, sur ce thème, de perdre des places dans la course à la régulation minimale, facteur déterminant, selon les sectateurs de l'ultralibéralisme, de la compétitivité économique). La loi Sarbanes-Oxley de juillet 2002, sur laquelle nous reviendrons en détail, en est l'exemple le plus parlant. Mais la SEC aussi a accepté de se réformer, un peu, et de réformer les autres (commissaires aux comptes notamment), pas mal.

L'Europe attentiste

L'Europe, c'est notre conviction, doit réagir. À ce jour, elle n'a pratiquement rien fait. Sauf pour s'émouvoir (ce serait presque risible, si le sujet n'était pas aussi grave) des difficultés d'application de la loi Sarbanes-Oxley, compte tenu des particularismes juridiques européens (en substance : on ne peut pas laver plus blanc, parce que nos tissus sont plus fragiles ; on croit rêver...). Quant à la France, qui pourtant, généralement, aime bien réguler, ce n'est guère mieux. On attendait, de ce point de vue, beaucoup du rapport de Daniel Bouton, président de la Société générale, publié en septembre 2002. La montagne aurait-elle accouché d'une souris ? On est tenté de le croire.

Il y a certes des bonnes choses dans ce rapport, comme l'idée d'interdire aux commissaires aux comptes de faire à la fois de l'audit et du conseil chez leurs clients, de même que le projet de création d'un règlement intérieur pour les conseils d'administration. Mais, devant ces propositions de réformes (qui paraissent bien modestes et relèvent du simple bon sens), on ne peut manquer d'être frappé par leur pusillanimité, face, une fois encore, à l'ampleur du défi à relever.

Pour commencer, pourquoi ne pas dire tout haut et plus fort ce que tout le monde pense tout bas ? À savoir que la comptabilisation en « juste valeur » (*fair value**) est parfaitement inadaptée pour de nombreuses opérations financières, en particulier dans le contexte européen où la priorité en matière de crédit est donnée aux prêts à taux fixes. À savoir aussi que l'IASC* (International Accounting Standards Committee), fondation privée à laquelle l'Union européenne a délégué en 2001 ses pouvoirs de normalisation comptable, est trop anglo-saxonne pour être non pas honnête, mais adaptée au traitement des problèmes européens.

De même, pourquoi ne pas aller au fond des sujets traités ? Pour les conseils d'administration, le problème n'est pas principalement de passer du tiers (pourcentage qui n'est d'ailleurs pas respecté) à la moitié d'administrateurs « indépendants », comme le préconise le rapport Bouton, mais bien plus d'améliorer les règles d'accès à l'information du conseil et de ses comités. Pour les commissaires aux comptes, le problème de fond est (outre, là aussi, celui de l'accès aux informations) celui de leur rémunération, qu'il faudra (comme pour les agences de notation) résoudre pour leur éviter d'être victimes d'ingérables conflits d'intérêts. Enfin, pour ce qui concerne les *stock-options*, on l'a vu, le véritable enjeu est celui de leur comptabilisation en charges pour l'entreprise.

Si on ne creuse pas profond, on ne peut s'étonner de ne déterrer que bien peu de cadavres... Mais là n'est pas, encore, le plus grave. Car il est de nombreuses tombes qui n'ont pas été creusées du tout par le rapport Bouton. Croire que le gouvernement d'entreprise peut être réformé sans que soit remis en cause son environnement, c'est, dans le meilleur des cas, faire preuve d'une désarmante candeur. Aucune proposition dans ce rapport pour réformer les pratiques des analystes financiers ou celles des banques d'affaires : désarmant ! Aucune interpellation sur le rôle des investisseurs institutionnels qui « font » aujourd'hui les marchés boursiers et donc les stratégies d'entreprise : accablant... Aucun plaidoyer effectif pour la mise en place d'une autorité européenne de régulation des marchés financiers : quelle cruelle absence !

Ce n'est pas parce que les modèles de gouvernement d'entreprise français en particulier et européen en général sont moins « mangés aux mites » que le modèle américain, que la France et l'Europe peuvent faire l'économie d'une réflexion en profondeur et, surtout, d'une action de grande ampleur. C'est dans cette perspective que nous nous plaçons.

Le gouvernement d'entreprise européen doit, au regard des scandales que nous vivons, effectuer sa mue. Au lecteur de découvrir maintenant les contours exacts de cette indispensable transformation.

Par souci de clarté autant que par rigueur méthodologique, nous procéderons en distinguant trois strates de réformes que nous essaierons, par la suite, d'articuler. Car, sous peine d'échouer, ces réformes doivent être mises en œuvre à la fois aux niveaux macro-, méso- et microéconomiques.

8

La restauration de cadres anciens

> « Les philosophes n'ont fait qu'interpréter diversement le monde ; il s'agit maintenant de le transformer. »
>
> Karl MARX

Il est des réformes qui ne peuvent être ponctuelles. Notre conviction, et le poumon de ce livre, est que la mondialisation à visage humain doit se construire d'abord et avant tout au niveau des entreprises. C'est la limite de tous les Porto Alegre que de se cantonner à des réformes d'ordre macroéconomique. Pour autant, l'entreprise « socialement responsable et néanmoins économiquement efficace » ne peut se construire que dans le cadre d'un environnement global qui doit être régulé.

Réintermédiation toute !

Dans la définition de cet environnement, la première interrogation tient aux rôles respectifs que doivent jouer les banques et les marchés dans le financement de l'économie mondiale. Sur ce point, notre position est claire et tranchée : il faut absolument « réintermédier », c'est-à-dire redonner aux banques leur rôle central dans le financement de la croissance. L'utopie n'est pas notre fort et il n'est donc pas question de tourner le dos au financement de marché. De même n'est-il pas question de méconnaître les particularités des mécanismes de financement dans les pays anglo-saxons. Au contraire, il importe de reconnaître les spécificités nationales, en particulier européennes. L'Europe doit affirmer sa spécificité bancaire : son intermédiation constitue en effet un moyen efficace de ne pas se laisser écraser par l'*imperium* du court terme. Le *long-termism* n'est, certes, pas le monopole des banques, ni même consubstantiel à l'activité bancaire. Il n'empêche : les banques, en tant qu'entreprises, ont plus besoin de stabilité que n'en ont besoin (et que n'en souhaitent) les marchés soumis, selon l'heureuse expression de Michel Aglietta, a une « myopie intrinsèque ». Acceptons donc d'être un peu « visqueux » (en matière de financement s'entend…).

Réintermédier ne consiste pas à revenir à la bonification du crédit et aux multiples institutions financières spécialisées (de préférence publiques…). En France, dans les années soixante-dix et quatre-vingt, on a trop cher payé l'apprentissage des limites d'un tel système. L'État est sorti, depuis, du jeu bancaire (hormis sa fonction de réglementation et de surveillance). Qu'il reste là où il est.

De même, il serait regrettable que le retour des banques se fasse par le biais des plans de sauvetage d'entreprises en péril. En 2002, Vivendi Universal, ex-star des marchés, est ainsi passée aux mains des banques. Il en est de même de Marconi, de Fiat et de bien d'autres. La reprise en main des entreprises par les banques est, dans certains cas, accentuée par le jeu du marché lui-même, les *credits default swaps** assurant ainsi, par exemple, la solvabilisation des créances bancaires par le truchement de la baisse du cours de Bourse. Tout cela est d'une grande tristesse. Non : le *come-back* de l'intermédiation doit se faire, d'abord et avant tout, au travers de la consolidation et de la redynamisation de l'activité bancaire.

Consolidation en premier lieu. Il a été très utile d'obliger les banques à mieux apprécier et gérer le risque. Mais il ne faut pas que cette sécurisation conduise à l'impuissance. Il faut donc reconnaître, voire revendiquer, la spécificité du métier de banque et ne pas imposer à celles-ci des « fourches Caudines » susceptibles de leur briser les reins. Un exemple, dans ce domaine, a pour nous valeur de symbole : vouloir appliquer mécaniquement aux banques certains principes de la *fair value* revient à les pousser à ne plus prendre de risque et à accentuer ainsi l'ampleur du cycle de crédit.

Sur cette base, nous prônons la défense de la comptabilité au coût historique pour les immobilisations des banques en échange d'une extrême prudence dans l'évaluation de leurs positions sur les marchés (notamment OTC*) et de la nécessaire harmonisation des méthodes de valorisation des immobilisations (au plan européen au moins) afin de permettre les comparaisons. De même, nous sommes favorables au FRBG* (Fonds pour risques bancaires généraux), qui permet aux banques de moduler le niveau de provisionnement de leurs actifs en fonction des fluctuations de la conjoncture. Tout cela, bien sûr, sous l'œil (encore plus) vigilant des organes de surveillance bancaire.

Dans le même registre, qui permet au système bancaire de mieux gérer sa prise de risque (dans le seul but, bien sûr, d'en prendre plus), la constitution de provisions *ex ante* doit être encouragée. L'objectif n'est pas ici d'offrir aux banques un matelas de sécurité pour mieux faire la « sieste financière ». Il est, au contraire, de les responsabiliser afin qu'elles gèrent mieux l'incroyable masse d'informations dont elles disposent naturellement, afin de les rapprocher de leur clientèle. Le provisionnement *ex ante* n'est, certes, pas chose facile à faire de manière rigoureuse. Il faut donc l'appliquer de manière progressive, à commencer par le crédit à la consommation. L'étape suivante devrait être de l'adapter à l'activité de crédit aux PME. Tout cela peut paraître vulgairement technique. Il n'en est rien sur le fond : c'est par de telles réformes que l'on permettra aux banques de jouer le rôle qu'elles ont, pour partie, abandonné pour se jeter à « bilan perdu » dans les activités de marché. Puisse le ratio McDonough, qui devrait succéder au ratio Cooke à l'horizon 2005, nous entendre...

La sécurisation du système bancaire (antidote à sa *securitization**) n'a de sens que si cela débouche sur des fonctions réassumées. Et, de ce point de vue, les banques, ces « horloges internes de la circulation marchande [1] », ont encore beaucoup de progrès à faire. Car la réintermédiation ne se décrète pas. Il ne faut pas, dans ce domaine, tout attendre de l'État. Les banques doivent faire toutes seules, comme des grandes, leur *aggiornamento*.

Le système bancaire européen doit ainsi commencer par se concentrer. Certes, les économies d'échelle ne sont pas aveuglantes dans tous les métiers bancaires. Certes, la course à la supposée « taille critique » a pu, dans le passé, conduire à des aberrations. Mais le système bancaire européen est encore trop fragile : on compte seulement cinq banques européennes (dont quatre anglaises) parmi les dix majors mondiaux. Une comparaison permet à elle seule de prendre conscience du retard européen dans ce domaine : la capitalisation boursière des cinq premières banques européennes était, en 2002, à peine supérieure à celle du numéro un américain Citigroup. Un autre univers.

Évidemment, ce diagnostic mérite d'être nuancé. Les systèmes bancaires anglais, hollandais, suisse et espagnol (par

1. Anton BRENDER et Michel AGLIETTA, *Les Métamorphoses de la société salariale*, Calmann-Lévy, Paris, 1992.

ordre longitudinal pour ne pas faire de jaloux) ont accompli l'essentiel de leur mue. S'étant regroupés au plan national, ils ont « fait le ménage », sont devenus plus rentables, mieux valorisés en Bourse et pourraient, de ce fait, avaler sans trop de difficultés n'importe quelle Société générale ou Mediobanca (et donc, d'un seul coup, la moitié du capitalisme italien). Car un certain nombre de pays européens n'ont pas encore pris conscience que le marché bancaire était désormais, pour bon nombre de ses segments, un marché mondial. C'est le cas (par ordre alphabétique pour ne vexer personne) de l'Allemagne, de la France et de l'Italie.

Quel que soit le pays considéré, aucun leader européen n'émerge véritablement. La Deutsche Bank n'est plus ce qu'elle était et le hollandais ING n'est pas encore ce qu'il devrait être. La recomposition du paysage bancaire européen reste ainsi à réaliser. Certes, « tout le monde parle à tout le monde », notait Daniel Bouton, le président de la Société générale, signifiant ainsi que les contacts en vue d'éventuels rapprochements entre banquiers européens étaient permanents. Mais personne ne veut tirer le premier, de peur de se trouver pris à contre-pied du fait des multiples et volatiles alliances déjà nouées. Or il est grand temps de « passer à l'acte ». D'abord, pour éviter que les banques américaines, ou au moins certaines d'entre elles, « raflent la mise ». Ensuite, parce que le système bancaire européen doit se donner les moyens de ses ambitions.

Et ces ambitions doivent être grandes. Car tout processus de réintermédiation n'a de sens que si le financement intermédié se révèle plus efficace, c'est-à-dire plus créateur de valeur mais aussi de croissance, que celui de marché. C'est donc toute une série de métiers bancaires qui doivent contribuer à un meilleur équilibrage du tissu industriel, et pas seulement au niveau européen. Parmi ces métiers figure le financement de projets (parce que la nouvelle gouvernance mondiale ne pourra faire l'économie d'un financement « mixte » public/privé des grandes infrastructures). De même, le financement des PME, à la fois thème trop à la mode et métier trop délaissé, doit constituer une nouvelle priorité pour les banques. Car les PME constituent, dans la plupart des pays européens, le cœur du système productif. Car les PME sont, en dehors des États-Unis, quasiment interdites de marché financier (ce n'est pas l'évolution du nouveau marché « post-bulle » qui nous contredira). Car la frilosité bancaire en matière de financement de ces entreprises est susceptible de conduire à un véritable *credit crunch* pour les PME.

Deux mots de conclusion sur ce thème fondamental de la réintermédiation. Le premier consacré aux *banques mutualistes*. Ces dernières disposent *a priori* d'un « thème astral » parfaitement adapté aux enjeux mis ici en lumière. Une structure capitalistique qui les protége de tout raid hostile. Une organisation décentralisée qui pourrait les rendre plus flexibles et mieux positionnées pour servir certains segments de clientèle (les PME notamment). Encore faudrait-il que, pour certaines d'entre elles au moins, elles se réveillent (comme en témoigne la récente mésaventure du Crédit agricole, au capital du Crédit Lyonnais). Elles se doivent ainsi de participer activement aux restructurations bancaires européennes, chantier sur lequel elles ont (c'est un euphémisme) quelques longueurs à rattraper.

Second sujet « périphérique » : l'intermédiation dans les *pays émergents*. Le problème se pose, dans ces pays, de manière très particulière puisqu'ils sont, pour la plupart, totalement « surintermédiés » et « sous-bancarisés » (ou, au moins, mal bancarisés). Leur problème est donc plutôt de sortir de l'édredon bancaire. Pour cela, il revient aux autorités de tutelle bancaires locales à la fois de faire le ménage (pas seulement par voie de privatisation) dans le secteur et de promouvoir non pas tant une Bourse qu'un marché financier de produits de taux suffisamment flexible et liquide pour offrir aux entreprises au moins un complément de financement.

En synthèse, nous proposons dans l'encadré ci-après (comme nous le ferons par la suite pour les autres thèmes traités) les mesures essentielles qui nous paraissent s'imposer sur ce premier chantier de réforme.

Premier chantier
Encourager la réintermédiation

Mesure n° 1 : modulation de l'application des principes de *fair value* dans le secteur financier.

Mesure n° 2 : généralisation progressive, à l'échelle européenne au moins, du principe de provision *ex ante* sur les actifs des banques.

Mesure n° 3 : incitation, y compris fiscale, des banques à prendre plus de risques (notamment en matière d'intervention en fonds propres) en faveur des PME (et surtout des TPE).

Mesure n° 4 : encouragement à la concentration du système bancaire européen.

Le *come-back* des *stakeholders*

Autant, en matière d'intermédiation, le problème est de l'ordre du retard à rattraper, autant, en matière de structure d'actionnariat, l'Europe doit prendre conscience d'une situation de fait. Combien de fois faudra-t-il le répéter ? Malgré tous nos fantasmes, les économies d'Europe continentale ne reposent pas (et ne sont pas près de le faire) sur les marchés financiers et l'actionnariat diffus, à la différence des États-Unis et du Royaume-Uni. Comme c'est le cas au Japon et dans la plupart des pays émergents, elles sont d'abord et avant tout des économies d'intermédiation financière, caractérisées par un actionnariat concentré et par un contrat social responsabilisant l'entreprise par rapport au salarié.

C'est bien là que blesse le bât de la théorie anglo-saxonne du gouvernement d'entreprise : celui-ci ne peut se réduire à l'affrontement/coopération entre le P-DG et les actionnaires, *a fortiori* quand ces derniers sont symbolisés par la « veuve de Carpentras » ou de Houston. Le gouvernement d'entreprise est, comme le note Jean-Paul Pollin, une « architecture de contrats qui conditionne la trajectoire d'une économie [2] ». C'est sur cette base qu'il faut préparer l'après-Enron. Dans le cas de l'Europe, cela passe, à tout le moins, par la responsabilisation des investisseurs institutionnels et par la normalisation du statut des salariés.

Commençons par les « *zinzins* ». Rappelons que ceux-ci ont, aujourd'hui, le véritable pouvoir financier (leurs actifs « pesaient » 30 000 milliards de dollars en 2002, rien de moins ; soit, à eux seuls, plus de deux fois et demie la capitalisation boursière américaine) et que, si scandale Enron il y a eu, nous leur devons beaucoup. Il va vraiment falloir que ces investisseurs institutionnels se réveillent, qu'il s'agisse des banques en tant que gestionnaires d'OPCVM ou des assureurs en tant que gestionnaires d'épargne à long terme. Ils ne peuvent plus se contenter de jouer au « chat perché » financier (pas vu, pas pris) : refusant de siéger aux conseils d'administration et mettant en pratique en toutes circonstances le principe du *Wall Street walk* qui, on l'a vu, consiste, dès lors que l'on est en désaccord avec la gestion d'une entreprise, à vendre les titres de celle-ci. Cette attitude est trop facile et, d'une certaine manière, constitue un véritable pousse-au-crime.

Il est bien quelques « zinzins », le plus souvent anglo-saxons, qui s'autorisent un soupçon d'activisme. Le symbole de cette stratégie interventionniste est Calpers, le fonds de pension des retraités californiens, brillamment et néanmoins médiatiquement piloté par Bill Crist, qui n'hésite pas à

---

2. Jean-Paul POLLIN, « Quel système de gouvernement d'entreprise pour l'Europe ? », miméo, Cercle des économistes, Paris, 2002.

intervenir en assemblée générale des entreprises qu'il détient en portefeuille pour essayer de faire fléchir le management, ou qui décide, en le faisant savoir, de ne pas renouveler le mandat d'un de ses gérants, en l'occurrence Goldman Sachs, jugé *non performing*. Mais, en premier lieu, ces exemples restent relativement isolés et, en second lieu, la justification actuelle de telles interventions ne nous apparaît pas d'une pertinence aveuglante. Est-il normal de rayer tel ou tel pays de la liste de ses cibles d'investissement sur la base d'une notation du « coefficient de démocratie » des pays concernés ? L'effort est certes louable : essayer de se servir intelligemment de son pouvoir pour faire pression. Mais la justification de telle ou telle décision est difficile à établir, par manque de « guidelines » aussi bien que de supports techniques.

C'est là où la proposition de responsabilisation prend tout son sens. Autant de pouvoir concentré en aussi peu de mains justifie que l'on mène à bien une réflexion approfondie sur les ressorts de cette influence. Les « zinzins », eux aussi, sont « sans boussole ». Ils doivent réfléchir au « pourquoi ? » mais aussi au « comment ? » de l'interventionnisme auquel ils ne peuvent désormais plus se soustraire. Alors que le débat sur les fonds de pension a une chance d'être rouvert en France (enfin !), l'amorce d'une telle discussion paraît relever du « salut public ». Mais, ne soyons pas candides, la réflexion des « zinzins » sera d'autant plus fertile que ceux-ci seront « cornaqués ». Les zinzins doivent être mieux contrôlés et plus souvent, si ce n'est jugés, au moins jaugés. Sur ce principe général, « il n'y a pas photo ». Ces institutions gèrent notre épargne ; elles doivent donc rendre des comptes. Et ce bien au-delà de leurs simples conseils d'administration et assemblées générales, chambres d'enregistrement encore trop formelles.

Si le principe est facile à établir, les voies et les moyens sont plus difficiles à définir. Nous serions, dans ce domaine, favorables à un *rating* multiple de ces institutions. D'abord, un *rating* officieux par la presse économique, qui dispose de certains moyens dans ce domaine. Pourquoi ne pas élargir ainsi le classement des OPCVM à celui de leurs gestionnaires, en offrant à la fois un jugement plus global (tous OPCVM confondus) et plus pointu (ce qu'il y a vraiment dans les OPCVM) ? Cela pose, certes, le problème du sérieux de la presse économique que nous aborderons plus loin (à nos risques et périls), mais cet écueil ne nous paraît en rien infranchissable. Au-delà de ce *rating* officieux, paraît-il indûment inquisiteur de se prononcer pour un contrôle plus étroit et plus transparent non seulement des investissements que font les « zinzins », mais aussi de leur mode de gouvernance ? On a bien envisagé, lors de la campagne présidentielle française de 2002, de créer un ministère de la Mer. Compte tenu de l'évolution de nos sociétés, ne serait-il pas plus judicieux aujourd'hui de créer un véritable secrétariat d'État aux « zinzins » ? Ou, à défaut, de donner aux organes de régulation des marchés financiers, nationaux aujourd'hui, européens demain (matin si possible), les instructions et les moyens de mieux encadrer les plus puissants d'entre nous ?

Reste maintenant à régler le problème des *salariés*. En fait, dans le système de *stakeholders*, il ne s'agit pas seulement des salariés, mais de tous les cocontractants de l'entreprise : clients, fournisseurs, etc. Il n'en demeure pas moins que, dans l'univers des « partenaires » de l'entreprise, les salariés jouent un rôle à part. D'abord, parce qu'ils sont au cœur du processus de production. Cela mérite qu'on le rappelle à ceux qui auraient oublié. Ensuite, parce que ce qui a toujours été vrai l'est encore plus dès lors que l'on est entré, au tournant des années quatre-vingt, dans l'« économie de la connaissance ». Car aujourd'hui, dans les pays développés au moins, l'ère industrielle est close : près des deux tiers du PNB reposent, non plus sur la déformation de la matière (agricole ou industrielle), mais sur la mise en jeu de ressources intellectuelles. Il faut savoir en tirer les conséquences. Enfin (il faut avoir la modestie et le courage à la fois de le reconnaître et de l'accepter), parce que les salariés ont été les véritables sacrifiés de la mondialisation. Il faut mettre un terme à cet « holocauste social ». C'est le plus sûr garant d'une nouvelle adhésion des salariés au projet d'entreprise. Les citoyens ne croient plus à la chose politique. Si, en plus, ils ne croient plus en l'entreprise, que restera-t-il : pétanque ou délinquance ?

Le diagnostic une fois établi, reste à articuler des propositions de réforme. Et, là, les ennuis commencent. Il n'entre pas dans notre projet de redéfinir l'ensemble du pacte social nécessaire à la structuration d'une société à la fois plus efficace et plus juste. Notre objectif se limite ici (et c'est déjà pas mal) à repositionner le salarié, en tant que *stakeholder*, dans le contrat social qu'est l'entreprise. De ce point de vue, au risque de paraître un peu « réac », l'épargne salariale ne nous semble pas, dans ce domaine, constituer la « voie royale ». D'une manière générale, nous sommes favorables à l'instauration de véritables fonds de pension dès lors que des règles de fonctionnement démocratiques et sécuritaires accompagneront l'émergence de cette nouvelle forme de financement des retraites. De même, nous sommes favorables au développement de l'épargne salariale sous les mêmes contraintes minimales.

Mais il ne faut pas se voiler la face. Le capitalisme salarial ne peut pas être une fin en soi. On a, dans les années quatre-vingt-dix, tenté de faire croire aux salariés que le *deal* « actionnariat *versus* acceptation d'une plus grande flexibilité et d'une modération salariale que la baisse de l'inflation rendait crédible » était *win-win* : tout le monde y gagnait. Les errements boursiers ont démontré que, pour les salariés, et en particulier les plus fragiles d'entre eux, il était socialement vital de sacrifier l'ombre pour garder la proie. Il faut donc raison garder. Par ailleurs, il ne faut en aucun cas revenir sur la flexibilité de l'organisation du travail, même si celle-ci a connu de nombreux errements, car c'est le meilleur garant de la compétitivité. De ce point de vue, la loi française sur les 35 heures, idée originellement généreuse, constitue, pour la plupart des entreprises, dans son cadre réglementaire actuel, une régression sociale qu'il faut avoir le courage de dénoncer.

Pas d'actionnariat pour l'actionnariat, le maintien d'une certaine flexibilité : que reste-t-il alors ? Pour l'essentiel, le droit d'inventaire et de contestation. Ce droit se doit d'être organisé. Pour éviter que la libéralisation laisse sur le bord de la route ceux qui sont le plus directement à l'origine de la création de valeur, il faut qu'ils puissent participer au gouvernement d'entreprise. Fatalisme ou bon sens ? Nous ne croyons pas à la cogestion. En revanche, nous croyons résolument au droit imprescriptible, pour les salariés, d'intervenir dans les mécanismes du gouvernement d'entreprise dès lors que leur avenir est mis en jeu. Cela n'aurait-il pas été utile chez Enron ou chez Vivendi ?

Cette intervention des salariés doit pouvoir se faire, selon les pays, au travers de la représentation syndicale (quand celle-ci se révèle véritablement représentative) ou en dehors (comme c'est le cas en France, où les syndicats, CFDT mise à part peut-être, ne représentent plus qu'eux-mêmes). Elle ne peut se limiter (même si l'intention est louable) à publier l'avis du comité d'entreprise en cas de rachat d'une autre entreprise (tel que le prévoyait, en France, la loi sur la sécurité financière mise en chantier fin 2002). Elle commence véritablement par la participation des salariés à certains comités associés au conseil d'administration. Elle peut se poursuivre par la participation, dans certains cas et selon certaines modalités qu'il reste à définir, au conseil d'administration. Et elle doit, dans tous les cas, passer par la consolidation des instances d'expertise pour le compte des salariés (du type de Syndex en France ou des experts syndicaux en Allemagne) et par la possibilité à tout instant pour les salariés de solliciter de tels avis.

Comme le lecteur peut le constater, nos projets sont modestes, mais nos ambitions sont immenses afin d'atteindre l'objectif assigné à l'entreprise par François Bloch-Lainé, à savoir « recourir à une magistrature économique et sociale afin d'accorder les intérêts qu'elle associe en son sein et ceux qu'elle met en jeu autour d'elle[3] ».

Deuxième chantier
accroître le rôle des *stakeholders*

Mesure n° 5 : instauration d'un double *rating* (officieux et officiel) des investisseurs institutionnels.

Mesure n° 6 : généralisation des fonds de pension (sous réserve, bien sûr, du respect de la mesure n° 10), qui doivent être incités ou contraints à s'impliquer dans le financement en fonds propres des PME.

Mesure n° 7 : association de représentants des salariés aux principaux comités créés autour des conseils d'administration ; dans ce contexte, consolidation des instances d'expertise « ouvertes » aux salariés.

Coupe-circuits et garde-fous

Nous l'avons dit : les risques d'emballement et de dérèglement des marchés financiers sont bien réels. Pour minimiser ce type de risque, une solution consiste à mettre des « grains de sable » dans la machine. Encore faut-il les calibrer et les disposer judicieusement : trop petits, trop gros ou mal placés, ceux-ci pourraient soit n'avoir aucun effet équilibrant, soit bloquer le système. Dans ce domaine, nécessairement assez technique, il n'y a pas de piste spécifique à privilégier. Idéalement, il faudrait passer en revue l'ensemble des mécanismes financiers pour jauger la capacité de résistance de chacun d'eux à un enrayage limité. Ne pouvant espérer être exhaustif, nous avons choisi d'être sélectif. Il est ainsi quatre

3. François BLOCH-LAINÉ, *Pour une réforme de l'entreprise*, *op. cit.*, p. 51.

domaines où notre « théorie du grain de sable » semble pouvoir s'appliquer.

En premier lieu, nous sommes favorables à une normalisation progressive des *marchés de gré à gré*. Ces marchés ont joué leur rôle, qui était d'assurer la fluidité des échanges dans le cadre de marchés naissants, de produits nouveaux ou de besoins spécifiques. Cette ère apparaît quasiment révolue, dans les pays développés au moins. Des dispositifs fiables existent aujourd'hui sur la plupart des marchés, aussi bien au niveau des *front* que des *back offices*. Les conditions d'opérabilité sur la plupart des marchés sont ainsi désormais satisfaisantes. Or, qu'on le veuille ou non, les marchés de gré à gré constituent des ferments d'opacité financière. C'est ainsi, par exemple, que les prêts/emprunts de titres entre banques et investisseurs institutionnels favorisent le bourgeonnement des *hedge funds*. Or l'absence d'information sur les pratiques de « vente à découvert* » (par les opérateurs qui ont emprunté des titres) pénalise indéniablement l'investisseur moyen. De même, certains marchés optionnels restent contrôlés par les banques qui dictent ainsi leurs prix aux petits porteurs. Il convient donc de normaliser progressivement le gré-à-gré afin de mieux le contrôler et surtout de mettre les informations qu'il génère à portée de tous. Une piste de réflexion dans ce domaine serait de favoriser une « commoditisation » des produits de gré-à-gré susceptibles d'être ainsi « marchandisés ».

Nous insistons sur le caractère nécessairement progressif de cette réforme, de même que sur l'impossibilité et la nocivité d'une disparition complète de ces marchés. Là aussi, le critère discriminant doit être l'utilité effective de ce mode d'organisation des marchés. Commençons par le marché des options de taux et de change, qui est d'ores et déjà doté de tous les éléments nécessaires à l'abandon du système de gré à gré. Puis donnons-nous une période de cinq ans pour, au travers d'une coordination accrue des places financières, généraliser cette réforme aux marchés jugés régulables.

L'expression « jugés régulables » relève, de notre part, d'une légère restriction mentale, fille de notre prudence. Certains marchés doivent garder un mécanisme, au moins partiel, de fonctionnement de gré à gré. Nous pensons, bien sûr, notamment au métier de *private equity*. Ne soyons pas pour autant pessimistes. S'il ne reste plus que ces quelques marchés, régulés de manière adaptée, qui fonctionnent sur le mode du gré à gré, nous aurons déjà accompli une partie substantielle du chemin qui sépare les marchés financiers d'une condition de transparence acceptable...

Autre exemple de « grain de sable » ayant pour vocation de servir de « coupe-circuit », les *dispositifs de freinage automatique des marchés*. Commençons par réformer la composition des indices boursiers de référence qui, avec la généralisation des techniques de *benchmarking*, poussent inexorablement à l'explosion de la volatilité. Par ailleurs, il faut (comme le suggère Felix Rohatyn, ancien patron de la banque Lazard à New York, qui n'est pas connu pour ses pulsions staliniennes...) renforcer les appels de marge* (garanties exigées par les autorités de marché sur certaines opérations) sur les marchés les plus spéculatifs, notamment le Nasdaq et autres nouveaux marchés. Cela ne devrait, *a priori*, en rien altérer l'intérêt financier (et donc l'envie capitalistique) d'un investissement sur ces marchés. Cela, en revanche, devrait permettre de tester à la fois la solidité et la détermination des investisseurs, marginalisant progressivement, au moins peut-on l'espérer, les « capitaux hirondelles » (pour reprendre une heureuse expression forgée lors de la crise mexicaine) dont l'apport en terme de liquidité sur les marchés haussiers se transforme en « accélérateur de particules » dans les marchés soumis au doute.

Dans le même ordre d'idée, le projet de suspension des marchés en période de turbulence jugée déstabilisante mérite que l'on y prête attention. Le temps au moins que les esprits se reprennent (de quelques minutes à quelques heures). Rappelons ici que le prix Nobel français d'économie Maurice

Allais lui-même, vrai libéral s'il en est, soulignait, dans les années quatre-vingt, les risques de la cotation en continu. Cette idée de suspension temporaire des marchés, qui a un nombre croissant de partisans dans la communauté financière, choque quelques irréductibles au nom de la liberté absolue de commercer. Cet argument n'a aucun fondement sérieux. Il est, au contraire, dans l'esprit même de ce mécanisme que de laisser le marché fonctionner dans des conditions de sécurité, et donc d'efficacité, maximales. Libéralisme, que de thèses absurdes ne défend-on en ton nom ! Combien de milliards évaporés et d'investisseurs spoliés pour la défense de principes véritablement enfantins…

En nous éloignant quelque peu des marchés sans les quitter pour autant, les *règles d'investissement des fonds de pension* doivent aux États-Unis être révisées et en Europe être mûrement réfléchies avant leur mise en œuvre. On est là dans le registre des « garde-fous ». Car il n'est pas pensable de fragiliser irrémédiablement les salariés en les faisant dépendre de la survie de leur entreprise (survie de plus en plus aléatoire par les temps qui courent) pour leur salaire mais aussi pour leur épargne. Dans ce domaine comme dans bien d'autres, il n'est pas question ici, contrairement à ce que prônent certains, d'interdire aux fonds de pension « maison » d'investir dans les titres de leur entreprise. Tout est affaire de bon sens. La règle toute bête des « œufs dans le même panier » : 94,7 % des capitaux du fonds de pension de Procter & Gamble placés dans les actions de l'entreprise, cela fait peut-être un peu beaucoup ! Il faut donc encourager les entreprises à développer l'épargne retraite en leur donnant la possibilité par ce mécanisme de consolider leurs fonds propres sans pour autant mettre en péril financier leurs salariés. La double règle de 20 % des actifs gérés par le fonds de pension « maison » et de 10 % du capital de l'entreprise concernée paraît, de ce point de vue, relever pleinement du bon sens que l'on a trop souvent perdu.

Par ailleurs, cela paraît évident mais il n'est peut-être pas inutile de le rappeler à l'occasion, la priorité doit être donnée, en Europe au moins, aux fonds de pension à prestations définies par rapport aux fonds de pension à cotisations définies (du type des fonds 401K aux États-Unis, qui se sont révélés, et de très loin, les moins sécures). Dans un cas, en effet, on sait par avance ce que l'on percevra (et donc les règles de division des risques sont plus sévères, ce qui n'exclut pas, bien au contraire, que les fonds concernés contribuent à la marge au renforcement des fonds propres des PME les plus performantes), alors que dans l'autre on sait ce que l'on verse, on peut rêver aux plus-values virtuelles que l'on percevra, on est certes plus libre, mais, en fin de course, on est parfois (et même souvent) plus pauvre. Avis à vous, messieurs les députés français…

Plus loin encore des marchés mais plus encore au cœur du gouvernement d'entreprise, le système du « *pantouflage* » doit être moralisé : ce terme bien français désignait traditionnellement l'embauche des hauts fonctionnaires par les entreprises du secteur privé dont ils assuraient la tutelle ; par extension, il désigne aujourd'hui les transferts de cadres susceptibles d'engendrer des conflits d'intérêts (comme l'embauche d'un auditeur par une entreprise dont il vérifiait les comptes). Commençons, dans ce domaine, par le commencement. Commençons ainsi par affirmer que le principe de base du pantouflage, c'est-à-dire de la respiration de l'entreprise et de l'administration, doit être résolument encouragé. C'est grâce à lui qu'un lien entre les deux sphères reposant moins sur la suspicion réciproque pourra, lentement mais sûrement, se tisser. Sur le principe lui-même, une seule remarque : cet échange doit être à double sens ; du public au privé, mais aussi dans le sens contraire (d'accord, messieurs les énarques ?).

Mais le problème du pantouflage est d'abord et avant tout celui de sa mise en œuvre. Dans ce domaine, trois règles doivent être adoptées et respectées. D'abord, certains interdits minimaux. Pour ne prendre que le cas français, le passage de la Direction générale de l'armement vers ce que l'on appelait autrefois le « complexe militaro-industriel » ne peut se faire n'importe comment : on n'est pas là dans le registre des « garde-fous », mais purement et simplement dans celui des « pousse-au-crime » — et pas seulement au sens figuré. Par ailleurs, des délais minimaux doivent, dans certains cas, être mis en place et, dans d'autres, respectés. Les banques d'affaires font — et c'est normal — presque toujours signer à leurs cadres supérieurs des « clauses de non-concurrence » (dont le délai varie, selon les cas, de deux à cinq ans). Pourquoi, en matière de pantouflage à partir du secteur public, ne pas adopter des « clauses de congruence à durée prédéfinie » ? Pendant trois ou cinq ans, on s'interdit de contourner, dans un but lucratif, la réglementation que l'on a contribué à mettre sur pied. Est-ce trop demander ? Enfin, c'est là une banalité, la règle d'or doit être, là comme ailleurs, la transparence. Beaucoup de choses doivent être rendues possibles. Encore faut-il le dire et le dire publiquement.

Il va de soi que ce qui s'applique aux relations entre administration et entreprises privées doit être généralisé à toute relation avec des clients ou des fournisseurs dès lors que des conflits d'intérêts non marginaux « pointent le bout de leur nez ». Il y a, dans ce domaine, du « pain » (bénit) sur la « planche » de la moralisation.

Troisième chantier
renforcer les règles prudentielles

Mesure n° 8 : normalisation progressive à horizon de cinq ans de la plupart des marchés de gré à gré.

Mesure n° 9 : réexamen de la composition des indices boursiers, renforcement des « appels de marge » sur les marchés les plus volatils et suspension temporaire de cotation en cas de turbulences atypiques.

Mesure n° 10 : instauration (et surveillance de l'application) de règles prudentielles très strictes en matière de placements des fonds de pension et priorité donnée aux fonds de pension à prestations définies.

Mesure n° 11 : redéfinition des règles de « pantouflage » public/privé (avec instauration de l'équivalent de « clauses de non-concurrence ») et, plus généralement, des règles d'embauches des personnels soumis à des risques de conflits d'intérêts.

Attention à la ligne blanche

Ce livre se refuse, depuis le début, à dissocier libéralisation financière et blanchiment des capitaux. Cette ténacité peut paraître curieuse, mais nous demandons au lecteur de nous faire confiance. La première permet, voire encourage, le second. De même, l'une ne peut être régulée que si l'autre est sanctionné. Le lecteur n'est d'ailleurs pas au bout de ses surprises. Car nous considérons qu'en matière de blanchiment beaucoup de progrès ont déjà été accomplis. Un *satisfecit* énoncé par nous sur ce sujet, compte tenu de notre diagnostic initial : la surprise peut paraître de taille. Il n'en est rien.

L'objectivité nous oblige à reconnaître que les administrations et les entreprises se sont fait une douce violence pour proscrire, autant que faire se pouvait, des pratiques séculaires et néanmoins répréhensibles. À l'exception, certes notable, des États-Unis, le lancinant problème du financement des partis politiques, qui empoisonnait la vie des entreprises en contact avec les collectivités publiques, a ainsi pleinement profité d'un mouvement général de clarification. Subsistent le cas américain (qui a donné son exacte dimension avec Enron : plusieurs millions de dollars par an pour le financement des partis politiques, toutes tendances confondues, pour une entreprise qui faisait de la dérégulation son fonds de commerce) et quelques clarifications comptables à préciser. Mais, dans ce domaine en tout cas, on semble sur la bonne voie.

Il en est de même en matière de comportement vis-à-vis de la corruption et de l'« argent sale » émanant des entreprises, pour les plus en vue du moins. Des règles ont été établies et appliquées. Des pratiques ont été modifiées ou proscrites. La plupart des entreprises cotées, en tant qu'institutions, ne franchissent désormais la ligne blanche que si elles y sont contraintes. La faute, même si c'est par omission, incombe, dans ce domaine, au régulateur. Les « facilités de paiement » inhérentes au fonctionnement de nombreux secteurs d'activité ne doivent certes pas être encouragées (on doit même pouvoir progressivement en limiter la portée), mais on ne peut en nier l'existence. Il faut donc, pour reprendre une expression de Michel Foucault, « surveiller et (dans certains cas) punir ». Punir c'est, *a priori*, simple. Surveiller, cela veut dire normaliser le traitement comptable des commissions et autres transferts de fonds « spéciaux » afin qu'une instance au moins du gouvernement d'entreprise puisse se faire une idée des voies et des moyens de ce type de procédures.

Des progrès ont donc été accomplis. La route, sinon vers la perfection, au moins vers l'économiquement et l'éthiquement acceptable n'en reste pas moins longue et parsemée d'embûches. D'abord parce que de très nombreuses entreprises, surtout dans la catégorie des PME, continuent à ne pas jouer le jeu. Mais ce n'est pas, en soi, l'essentiel. L'ennemi numéro un en matière de blanchiment est la non-application des lois. C'est aussi bête et aussi simple que cela. Le cadre réglementaire existe dans ses grandes lignes et, sur bien des sujets, dans ses moindres détails. Problème : ce dispositif n'est, dans bien des circonstances, pas mis en œuvre. Les responsables ? Il y en a deux.

D'abord, bien sûr, la concurrence, réglementaire en général et fiscale en particulier, que se livrent les États et qui, naturellement, pousse à l'« omerta ». Mais aussi — et, à nos yeux, surtout — le manque de moyens dont disposent les instances chargées de faire appliquer la loi. Sait-on ainsi que Tracfin, la cellule administrative chargée d'assurer en France l'application des règles « antiblanchiment », dispose de seulement quelques dizaines de cadres (contre plus de 70 000 fonctionnaires pour la Direction générale des impôts : de la productivité budgétaire en période de Pacte de stabilité européen...) ; et que la brigade financière du parquet de Paris doit faire face à tous les scandales financiers des dernières années avec seulement quatre-vingts officiers de police. Dès lors, il n'est pas surprenant que Tracfin ait jusque-là transmis aussi peu de dossiers à la justice et que la durée moyenne des procédures diligentées par la brigade financière excède quatre ans (alors que le délai de prescription de certaines infractions est de trois ans...). Comme il nous semble que ce nombre de dossiers transmis devrait être multiplié au moins par cent pour arriver à un seuil de régulation acceptable, nous nous contenterons de suggérer de multiplier par dix les effectifs de Tracfin sous cinq ans. Coût budgétaire : quasi nul, voire négatif, car ce serait bien le comble si la mise au jour des pratiques délictueuses ne débouchait pas sur des redressements parfaitement bénéfiques pour le budget de l'État. Cette réforme devrait, bien sûr, s'accompagner d'un engagement de *best effort* de la part des autorités judiciaires concernées, voire d'une nouvelle responsabilité en cas de *benign neglect*, autrement dit de non-diligence. À chacun, en effet, son engagement de performance...

Cet effort ne réglera pas toutefois tous les problèmes. Retour, malheureusement, à la finance. Il est clair que, à un niveau technique, des réformes doivent être menées à bien en matière d'interdiction de l'endos de chèque (transmission d'un chèque sans passer par une banque) de même qu'en matière d'élargissement des référentiels (et donc des possibilités d'identification des émetteurs de virements) dans le cadre de systèmes d'échanges automatisés comme Swift. Mais il est clair aussi que le blanchiment n'est pas une création *ex nihilo*. Il ne peut y avoir de « blanchiment » que s'il existe des « agents détergents ». Et parmi ces « agents détergents » figurent, *nolens volens*, les banques et, à un moindre degré, les compagnies d'assurance. La question n'est pas, bien entendu (sauf cas exceptionnels), celle de leur complicité active : c'est plus simplement leur participation effective qui est en cause. Dans ce domaine, trois réflexions devraient être poursuivies (ou engagées) afin de déboucher, à horizon raisonnable, sur des mesures concrètes (plutôt que de s'interroger, comme c'était le cas en 2002 en France, sur les risques de blanchiment liés au « porte-monnaie électronique » : comme si la mafia russe avait pour objectif principal de frauder les parcmètres...).

La première concerne, d'abord, le secret bancaire. Jusqu'où celui-ci doit-il aller ? Est-il possible d'envisager un secret à plusieurs vitesses, réservé aux différentes instances juridiques intéressées ? Un type de secret bancaire par métier exercé par les institutions financières ? Ces quelques questions candides attendent des réponses urgentes...

Deuxième réflexion à mener, plus technique mais probablement plus directement opérationnelle à court terme : le rôle dévolu aux banques correspondantes. Agents actifs ou simples boîtes aux lettres ? Soumis à une obligation de moyens ou à une obligation de résultats ? *These are the questions*. Reconnaissons que l'on est en droit de nourrir une suspicion forte lorsque lesdits correspondants sont basés dans des paradis fiscaux. Et acceptons l'augure d'un renforcement, dans ce domaine, des règles du Groupe d'action financière sur le blanchiment de capitaux (GAFI*).

Enfin, dernier chantier pour lequel la réflexion déjà menée conduit à ce que la question posée soit déjà un début de réponse. Ne faudrait-il pas, en matière d'ingénierie financière, inverser la charge de la preuve et obliger les banques d'affaires (notamment) à démontrer que les montages juridiques qu'elles conseillent à leurs clients n'ont pas pour vocation principale ou exclusive de contourner la loi (fiscale dans la plupart des cas, mais aussi parfois, malheureusement, pénale) ? Cela ne tombe-t-il pas, une fois de plus, sous le coup du bon sens ? Et que l'on ne nous dise pas que ce serait « gravement porter atteinte à l'initiative privée ». Car, alors, la question serait : « Privée, oui, mais de quoi ? »

Quatrième chantier
Lutter de manière enfin efficace contre le blanchiment

Mesure n° 12 : réaménagement des méthodes d'enregistrement de certaines « commissions » versées (pour emporter des marchés) à des « intermédiaires » par les entreprises et soumission de celles-ci au comité d'audit de l'entreprise.

Mesure n° 13 : décuplement en cinq ans des moyens financiers à la disposition des organismes en charge de la lutte contre le blanchiment (Tracfin, en France, et GAFI).

Mesure n° 14 : modulation du régime du secret bancaire selon les instances juridiques concernées.

Mesure n° 15 : durcissement du cadre d'exercice du métier de correspondant bancaire, notamment pour ceux basés dans des paradis fiscaux (parallèlement, généralisation de l'interdiction de l'endos de chèque et élargissement des référentiels d'identification dans le cadre des systèmes d'échanges automatisés de type Swift).

Mesure n° 16 : inversion de la charge de la preuve pour les banques d'affaires en matière de montages d'ingénierie fiscale.

Les comptes de fées

Le lecteur sera peut-être surpris que l'on aborde la question de la comptabilité d'entreprise dans le registre de la macroéconomie. Qu'il se rassure : on l'examinera aussi au niveau de la profession d'audit tout entière et au niveau microéconomique. Mais certains aspects de cette question relèvent directement et pleinement de la dimension macro. C'est le cas au moins dans trois registres, que nous aborderons du particulier au général.

Le plus particulier concerne la *rémunération* de la profession d'expert-comptable. Nous visons là le portefeuille, donc l'essentiel. Cette profession est, il faut le reconnaître, globalement sous-rémunérée. Pas seulement par rapport aux *golden boys* (seuls « créateurs de valeur », c'est bien connu), mais aussi par rapport à la plupart des métiers comparables. C'est vrai au niveau du métier comme à celui des individus. Au niveau du métier, point n'est besoin de se demander pourquoi les cabinets d'audit se sont lancés dans le conseil. Le second métier faisait le commercial du premier, et surtout il faisait « bouillir la marmite » de l'ensemble. Au niveau individuel, c'est encore pire : entrer chez Arthur Andersen se comprend si l'on est très jeune et très ambitieux, car c'est un utile complément de formation, ouvrant ensuite les portes du « pantouflage » chez les clients ; mais être directeur de la comptabilité dans une entreprise ou une banque « lambda », quelle misère ! Dans le meilleur des cas, on pourra ambitionner d'être admis au Rotary local…

Là plus encore qu'ailleurs, mettons un terme à l'hypocrisie ambiante. La « vente à perte », interdite dans la plupart des secteurs industriels, a démontré son potentiel de perversion : rien n'est jamais gratuit (ou durablement sous-tarifé). Interdisons donc cette pratique dans les « métiers du chiffre » (cela pouvant être généralisé à tous les métiers de la finance). Nous n'aurons pas de bons comptables si nous n'attirons pas et ne retenons pas les meilleurs, ou au moins certains d'entre eux, dans ce métier. Ce qui suit n'est pas une proposition de réforme, mais une piste de réflexion en forme de boutade : le principe des *stock-options* ne serait-il pas applicable en matière de rémunération de la fonction comptable ? Une rémunération non pas indexée sur les résultats de l'entreprise (car cela reviendrait à offrir la cuillère à ceux qui sont chargés de surveiller le pot de confiture), mais, par exemple, indexée sur le taux de contentieux fiscaux sur une durée de dix ans. Ou encore sur le rapport entre provisions et réalité des créances douteuses. Ou enfin, pour les commissaires aux comptes, sur les incidences financières à l'année $n + 3$ des choix comptables approuvés à l'année n.

Nous nous égarons, car cela n'est pas du registre macroéconomique. Reste, pleine et entière, la question de qui rémunère ceux qui sont censés contrôler les entreprises. Ce ne peut plus être, à notre sens, les entreprises elles-mêmes. Face à ce dilemme, mère de tous les conflits d'intérêts, deux solutions : soit on nationalise les cabinets d'audit, ce que des responsables aussi pondérés que Michel Prada (le président de la COB, qui a quitté ses fonctions en 2002) n'excluent pas, soit on trouve une nouvelle clé de rémunération.

Notre libéralisme légendaire (dont le lecteur ne peut être, à ce stade, que convaincu) nous incite à une autre proposition. Laissons les cabinets d'audit relever du secteur privé (afin, notamment, de préserver leur capacité d'attraction de talents), mais faisons-les rémunérer de manière incitative par un fonds collectif abondé, d'une part, par une taxe établie sur la base du prélèvement moyen effectué par cette profession sur les entreprises et, d'autre part, par une subvention de l'État, premier bénéficiaire de la plus grande transparence fiscale des entreprises. Coût pour les entreprises ? Zéro en moyenne. Coût pour l'État ? Rentabilité évidente à moyen terme contre faible investissement initial. Un TRI d'au moins 15 % assuré à long terme !

Plus général encore nous paraît être le problème de l'*organisation* de la profession elle-même. Question : quelle est la profession qui, à l'échelle mondiale, en passant de cinq à quatre « majors », a vu en quelques mois disparaître 20 % de ses entreprises « leaders » (les *big five* ayant désormais cédé la place aux *fat four*) ? Et, ô surprise, aucun Mario Monti ou presque n'a rien trouvé à y redire ! À toutes fins utiles, rappelons que la Commission européenne, en 2000, s'est émue aux larmes des risques de disparition de la concurrence dans le secteur du matériel de bricolage (Schneider/Legrand) et que, de leur côté, les États-Unis luttent pied à pied contre les risques supposés que représenterait, au regard de la réglementation antitrust, le regroupement des rares aciéries encore rentables sur le territoire américain.

Face à cette situation, grotesque pour ce qui concerne la réglementation antitrust, et alarmante pour ce qui constitue le « noyau dur » du contrôle des entreprises, les réformes à mettre en œuvre ne sont pas évidentes. La théorie de la concurrence débouche tout naturellement sur la sanction de ceux qui cherchent à s'oligopoliser, mais elle se révèle bien pauvre et désarmée pour reconstruire la concurrence une fois l'oligopole enraciné. Cette théorie et ses avatars savent très bien manier le *round-up* (produit phytosanitaire qui détruit les espèces végétales envahissantes), mais elle n'a pas été formatée pour la mise en culture. Face à ce vide, notre proposition revient à faire confiance aux pays développés et à aider les pays qui ne le sont pas. Pour les pays développés, espérons que le marché jouera son rôle et que les entreprises sauront trouver des substituts aux *fat four* ou *three* ou *two*, persuadés que nous sommes (ou au moins espérant) que l'on n'en viendra pas au *Big One*. Pour les pays émergents, il appartient à la Banque mondiale de favoriser la création de cabinets indépendants capables, dans ces pays, de faire aussi bien sinon mieux que les incontournables « majors ». Tâche difficile mais qui, en moyenne période, nous semble parfaitement possible à accomplir.

Reste le degré suprême de généralité : quelle(s) *norme(s) comptable(s)* va (vont) s'imposer à l'échelle mondiale ? La norme américaine US GAAP* a clairement montré ses limites. La solution miracle serait-elle l'IASC ? L'Europe semble le croire, qui s'est jetée à corps perdu dans les bras de cette instance — laquelle a, certes, le mérite de ne pas être américano-américaine et de présenter les dehors d'une certaine indépendance. Si l'on entre dans les détails, le paysage apparaît toutefois moins verdoyant : des membres très majoritairement anglo-saxons (ce n'est pas un péché, mais c'est un angle de vue), une passion pour la *fair value* qui ne dit rien qui vaille et, surtout, une absence de contrôle sur une entreprise qui reste privée et qui, de ce point de vue, rappelle de bien mauvais souvenirs. *Quis custodiet ipsos custodies ?* Qui contrôle le contrôleur ? Débat séculaire…

Dans ce domaine, il faut avoir le courage de ses opinions : nous ne croyons pas à la possibilité de faire entendre la voix de l'Europe au sein de l'IASC. Les *lobbies* des industries directement intéressées à une comptabilité pérenne (banque, assurance, mais aussi services informatiques et tout ce qui relève des métiers de l'immatériel) doivent donc faire pression sur la Commission de Bruxelles pour que celle-ci renonce à l'abandon de sa souveraineté comptable et pour créer des normes comptables véritablement européennes. Pas pour le plaisir, mais pour mieux pouvoir peser sur la définition de normes comptables universelles et non strictement américaines. Proposition utopique en 2003, compte tenu des engagements déjà pris ? Sûrement pas, si l'on revient à l'essentiel : les folies d'Arthur Andersen et la faillite d'Enron ne paraissaient-elles pas utopiques quelques mois plus tôt ?

Cinquième chantier
Reformer le cadre général de la profession d'audit

Mesure n° 17 : interdiction de toute relation contractuelle autre que celle d'audit avec les entreprises auditées et instauration d'un fonds collectif et incitatif assurant sa rémunération.

Mesure n° 18 : encouragement à la création de nouvelles entreprises dans ce métier, notamment dans les pays émergents.

> *Mesure n° 19* : dénonciation de l'accord actuel entre l'Union européenne et l'IASC et définition, dans un délai inférieur à deux ans, d'un cadre européen de comptabilité.

Regulator

Reste le plus simple, et à la fois le plus délicat : les réformes concernant les organismes de régulation. Il n'est pas question ici des instances de lutte contre le blanchiment, qui n'en sont qu'une filiale, mais des instances de régulation des marchés. 500 milliards de dollars (estimation des capitaux blanchis chaque année) contre 23 000 milliards (montant de la capitalisation boursière mondiale en août 2002). Plus de quarante fois plus ! Dans ce domaine, nous voudrions proposer deux principes d'action et suggérer deux réformes.

Le premier principe concerne le champ d'action de la régulation. Toute activité financière, quelle que soit l'institution qui l'initie, doit être soumise à un contrôle spécifique. Quand une entreprise industrielle fait de la banque (et Enron en a fait, de la mauvaise certes, mais de la banque quand même), elle doit être soumise (*via* notamment la création, trop longtemps décriée par les autorités prudentielles, d'une banque de groupe) à la réglementation bancaire. Et ce qui est vrai en matière de banque doit l'être aussi, de manière plus large, en matière financière. Que les entreprises fassent de la finance un de leurs métiers, pourquoi pas ? Mais que le régulateur en tire alors les conséquences.

Second principe fondateur, la finance n'a de sens que si elle contribue à créer de la valeur et pas exclusivement de la valeur boursière. La finance peut être « agile », mais elle doit aussi être « utile ». La finance pour la finance ne peut et ne doit, certes, en aucun cas être interdite. Mais le régulateur doit intensifier son contrôle en fonction inverse de la productivité économique des opérations financières visées. Les différents mouvements picturaux qui ont érigé en principe l'art pour l'art sont toujours nés dans des périodes troublées qui ont souvent débouché sur des dérives politiques. En finance, il en est un peu de même. La finance n'est plus serve, et c'est tant mieux. Mais il appartient au régulateur d'éviter qu'elle ne perde tout contact avec le réel. Principe trop général pour être opérationnel ? En l'état peut-être. Mais il suffit de réfléchir et d'affiner un peu. Toute opération financière peut être jugée sur sa capacité, directe ou indirecte, à créer des richesses. Et il ne nous semble pas exorbitant d'exiger des institutions — quelles qu'elles soient — qui conçoivent de nouveaux produits financiers d'apporter la preuve que ceux-ci participent, d'une manière ou d'une autre, à la création de richesses autres que virtuelles ou même, pire, indéfiniment immatérielles.

Dans ce cadre conceptuel, deux réformes s'imposent. Deux seulement, mais de taille. D'abord renforcer les *moyens humains*. Rappelons les faits, en prenant l'exemple de la SEC : depuis 1996, en six ans, la charge de travail a augmenté, dans certains services de cet organisme, six fois plus vite que les effectifs ; il n'est pas étonnant que 40 % des employés aient quitté sur la même période leur emploi, renforçant ainsi de manière irréversible sa fragilité ; rien d'étonnant non plus à ce que 7 % seulement des rapports annuels d'entreprise transmis à la SEC puissent être chaque année véritablement expertisés. Le renforcement des moyens de contrôle que nous prônons doit être à la fois quantitatif et qualitatif.

Quantitativement, cela paraît d'une simplicité absolue : compte tenu du « coulage » en matière d'infraction au fonctionnement des marchés, un objectif de doublement des moyens financiers de l'ensemble des instances de régulation à l'horizon de cinq ans ne devrait pas souffrir de discussions. Qualitativement, c'est plus délicat. Pour ne pas risquer de se tromper, rajoutons-en une couche : pour éviter autant que faire se peut les stigmates de l'incompétence, un quadruplement du budget de formation de ces instances paraît un minimum raisonnable. Tout cela non pas pour le plaisir de re-réguler. Mais simplement pour mieux surveiller et mieux dire ce qui doit être dit. Mieux surveiller tout ce qui a un effet amplificateur mal mesuré (opérations à fort effet de levier en tous genres...) et mieux dire quels sont les risques que chacun doit pouvoir ou non assumer en fonction de ses moyens et de ses ambitions (de l'administrateur piégé par un flamboyant directeur financier au pauvre futur retraité piégé dans un fonds de pension à cotisations définies en passant par le malheureux détenteur de parts de FCPR — fonds commun de placement *à risque* — qui croyait en toute bonne foi qu'il s'agissait d'un banal fonds commun de placement...).

Deuxième front : l'*Europe*. Il existe une véritable identité d'entreprise européenne. Les comités de groupe européens, la directive sur l'information et la consultation des salariés, le projet de statut d'entreprise européenne ou encore le « Livre vert » de 2001 sur la responsabilité sociale des entreprises vont (à un train, certes, de sénateur) dans ce sens. Mais cela ne suffit pas. L'Europe doit se doter d'un système de régulation autonome. Cela est vrai en matière comptable, mais aussi et surtout en matière répressive. La SEC dispose d'une « police » autonome. L'Europe n'existera, dans ce registre, qu'avec une police boursière effective et avec, pour commencer, la généralisation du principe du *memorandum of understanding*, obligeant toute instance de régulation communautaire à répondre dans les meilleurs délais aux demandes d'information qui lui sont adressées par un « collègue » (transparence, mère de toutes les vertus...).

Les voies et les moyens de cette ambition (qui permettrait enfin à l'épargnant européen de ne plus sombrer dans le racisme anti-Bourse) ne sont pas faciles à définir (et cela encore moins, il convient de le noter, dans la perspective de l'élargissement de l'Union). Mais, *grosso modo*, cela passe à tout le moins par une dotation budgétaire — ce qui nécessite une volonté politique — qui permette — en s'appuyant dans un premier temps sur ce qui existe aux plans nationaux — de structurer, sur une période de cinq ans à dix ans, un embryon de structure autonome, coordonnée comme il se doit avec la Banque centrale européenne (toujours notre obsession du passage micro-macro).

Ah oui, nous allions oublier, car c'est d'une telle évidence : au-delà de la police indispensable à la lutte contre l'insécurité, il est clair que, à cet horizon, le gouvernement des marchés financiers sera lui aussi européen. Celui-ci devant s'appuyer sur les structures nationales tant que l'harmonisation des pratiques financières n'aura pas efficacement « fait son œuvre », car transférer le pouvoir dans ce domaine sans en créer les conditions d'exercice reviendrait à ne laisser le choix, au niveau communautaire, qu'entre le Charybde politique et le Scylla bureaucratique… Que celui qui pense qu'une gouvernance européenne véritable puisse faire l'économie de ce préalable lève la main ou élève la voix pour que l'on puisse, enfin, rire un peu.

Ce plaidoyer en faveur d'une régulation européenne ne dispense en rien, bien sûr, d'une coordination à l'échelle mondiale. Au contraire, il la crédibilise : un budget de la SEC trente fois supérieur à celui de la COB, ce n'est pas une démonstration, mais cela, au moins, fournit une piste de réflexion… Dans ce domaine, les regards européens ne doivent pas se tourner uniquement vers New York. Tokyo, qui connaît une grave crise en matière de gouvernement d'entreprise (auquel le récent rapport du Keidaren, le Medef japonais, n'apporte malheureusement que des solutions ponctuelles : des limites, une fois encore, de l'autorégulation…), doit être étroitement associé aux réformes européennes esquissées ici. Face à l'*imperium* anglo-saxon, tous les pays de bonne volonté doivent, en effet, créer au plus vite une chaîne de solidarité régulatrice.

Sixième chantier
Créer une véritable régulation financière européenne

Mesure nº 20 : soumission à la tutelle des instances de régulation financière de l'ensemble des sociétés dont les opérations financières dépassent le cadre strict de leurs opérations courantes.

Mesure nº 21 : doublement du budget global et quadruplement du budget de formation professionnelle, à l'horizon de cinq ans, de l'ensemble des instances nationales de régulation des marchés financiers en Europe.

Mesure nº 22 : création d'une « police boursière européenne » dotée des moyens adéquats d'investigation.

Mesure nº 23 : création, à l'horizon de cinq ans, d'une instance européenne de gouvernance des marchés financiers.

9

Les nouveaux paradigmes professionnels

> « L'ordre social ne vient pas de la nature. Il est fondé sur des conventions. »
>
> Jean-Jacques Rousseau

Cinq grandes catégories de professionnels sont concernées par les problèmes de déontologie : les banquiers d'affaires et les courtiers, les analystes financiers, les gérants de capitaux, les auditeurs (auxquels peuvent être associées les agences de notation) et les journalistes spécialisés.

Les banquiers d'affaires et les courtiers

Dans ce domaine, la solution réside dans le renforcement, voire, dans certains cas, dans la restauration pure et simple des fameuses « murailles de Chine* » mises à mal durant les « années folles ». Cela ne nécessite pas nécessairement le rétablissement d'une forme de *Glass-Steagal Act*, qui, pendant des décennies, a conduit, aux États-Unis, à séparer de manière très stricte les métiers de banque commerciale et de banque d'affaires. Cette loi correspondait, en effet, à une configuration de l'industrie bancaire américaine au lendemain de la crise de 1929 (35 000 banques à l'époque), qui n'a plus de réalité aujourd'hui. Et, par ailleurs, cette loi a directement nui à la capacité de modernisation de nombreuses banques américaines, contribuant ainsi, dans ce pays, à l'hégémonie croissante des marchés financiers.

Il n'en est pas moins vrai que le modèle de la « banque universelle » (malgré la demande pressante d'une clientèle dont les besoins sont de plus en plus globaux et malgré les promesses de ce modèle en matière de synergies entre métiers) recèle des risques évidents d'« effets dominos » entre activités et, surtout, reste porteur de trop nombreux conflits d'intérêts potentiels. À commencer par l'habitude de faire circuler les hommes d'un département à un autre, leur permettant de se constituer ainsi des réseaux de relation et donc des occasions de diffusion d'information, germe de tous les délits d'initié. Il paraît en effet évident, avec le recul, que la masse de renseignements obtenus par une banque commerciale sur ses clients (*via* les flux transitant sur les comptes, les opérations de crédit, les documents financiers et fiscaux exigés par les teneurs de compte, les contacts personnels) ne devrait en aucun cas filtrer dans les autres départements de la banque. Cela concerne en premier lieu les banquiers d'affaires, mais aussi les analystes financiers, les gérants de patrimoines ou les salles de marché, c'est-à-dire ceux qui défendent les intérêts d'une autre clientèle, celle des épargnants.

Chez les Anglo-Saxons, une forme dégradée du *Glass Steagal Act* a été heureusement réinventée *via* la filialisation, dans certaines banques, des différents métiers financiers. La première banque mondiale, Citigroup, s'est ainsi réorganisée en 2002 en trois sous-ensembles : Global Consumer, avec les activités de guichet pour particuliers et de carte de crédit ; Global Corporate, avec les activités de crédit aux entreprises et de banque d'affaires (à travers sa très importante filiale Salomon Brothers Smith Barney, numéro un aux États-Unis sur les marchés de taux d'intérêt) ; et, enfin, Global Investment Management, avec les activités d'assurance et de gestion patrimoniale à destination des particuliers et des institutions. Toutefois, au-delà du *mea culpa* du président de cette banque à l'été 2002 sur les nombreux scandales l'ayant éclaboussé, le conflit d'intérêts perdure dans la division Global Corporate, où banquiers commerciaux et banquiers d'affaires continuent à cohabiter. De ce point de vue, la banque britannique Barclays semble avoir construit un mur plus solide vis-à-vis de sa clientèle d'entreprises, en séparant Barclays Banking (qui conduit la relation traditionnelle de tenue de compte et de crédit) et Barclays Capital (spécialisée dans les métiers de banque d'affaires). Dans les deux cas toutefois, ce qui importe, c'est que les activités de banque d'affaires et de marchés de capitaux soient exercées au sein d'entités complètement distinctes, avec leur propre *board*, leurs propres équipes, des locaux géographiquement distincts, etc. On est très loin de ce modèle dans les banques d'Europe continentale, et en particulier dans les banques françaises.

La banque universelle pose un autre problème de conflit d'intérêts lorsqu'elle opère pour compte propre en utilisant sa base de capital excédentaire. Car, depuis le durcissement du ratio Cooke, les banques et autres institutions financières sont tenues de conserver d'importants fonds propres pour garantir leurs engagements à l'égard de leurs clients. La tentation était grande de les engager sur les marchés ou de faire du capital-risque pour profiter de la bulle Internet. À qui donne-t-on la priorité pour ces opérations, surtout lorsqu'elles sont juteuses : aux livres de la banque ou aux clients extérieurs ? Plus grave, une banque (et en particulier en France, en Allemagne et en Suisse) qui détient une participation au capital d'un de ses grands clients industriels ou institutionnels ne sera-t-elle pas tentée de lui accorder un traitement de faveur ou de le soutenir de façon abusive en cas de difficultés (du Crédit lyonnais et ses promoteurs immobiliers au Crédit suisse et Martin Ebner : chacun ses pauvres...). La solution à ce type de conflit consiste à limiter autant que faire se peut les prises d'intérêts directs ou indirects chez les clients (*via* notamment un renforcement des règles de division des risques) et à exiger que les fonds propres excédentaires des banques soient gérés par des équipes autonomes, hors de la salle des marchés, et avec des objectifs et des mandats précis et contrôlables.

Reste le problème des murailles de Chine à l'intérieur des banques d'affaires elles-mêmes (ces murailles de Chine n'étant que la nécessaire objectivation, aux échelons opérationnels, de la schizophrénie indispensable à la bonne pratique de ce métier). Les banquiers d'affaires collectent, en effet, auprès de leurs entreprises clientes un maximum d'informations, que ce soit dans les activités de fusions-acquisitions ou dans le montage d'opérations financières plus ou moins sophistiquées (choix des cibles éventuelles et cours de Bourse envisagés pour des opérations d'introduction en Bourse ; blocs de titres à reclasser qui peuvent peser sur les cours ; gros ordres d'achat ou de vente susceptibles d'influer sur la tendance boursière d'un titre ; émissions de dérivés qui entraînent des opérations de couverture...).

Les opérateurs de marché desdites banques sont naturellement demandeurs de ce type d'informations, pour, dans le « pire » des cas, les répercuter à leurs clients institutionnels et, dans le « meilleur », réserver à ces clients des titres avant les autres. Les *traders* peuvent également les utiliser pour protéger leurs positions de *market-making* (tenue de marché) au jour le jour, voire dans certains cas, certes exceptionnels, essayer de s'en servir pour arrondir leurs fins de mois. Les solutions se situent à plusieurs niveaux : séparation complète, y compris physique, des équipes de M & A* et d'opérations primaires (introductions en Bourse, émissions nouvelles...) du reste des équipes de salle de marché, et notamment des vendeurs et des *traders* ; interdiction de favoriser ses propres clients lors des introductions en Bourse ; procédures publiques de syndication et de placement des émissions nouvelles (à l'image des opérations de privatisation).

On nous dira que les banques ont fait, dans un passé récent, de gros efforts dans ce domaine. C'est vrai. Mais de nombreuses failles existent encore. Il convient de les combler. Pour cela, il est indispensable d'énoncer clairement où s'établit la ligne jaune (cela peut être fait, et est déjà fait, pour une large partie, au niveau professionnel). Mais, surtout, l'application de ces règles doit être contrôlée par les autorités de régulation, en considérant que cela fait pleinement partie de la « sécurité de place ».

Septième chantier
Réformer les métiers de banquier d'affaires et de courtier

Mesure n° 24 : consolidation de la « muraille de Chine » entre métiers d'intermédiation financière, y compris par la séparation juridique, physique et humaine des activités.

Mesure n° 25 : limitation (au travers, notamment, du durcissement des règles de division des risques) des prises de participations des banques dans le capital de leurs clients.

Mesure n° 26 : séparation physique des équipes de M & A et d'émission primaire, des équipes de salles de marché (vendeurs, *traders* et analystes).

Mesure n° 27 : séparation totale de la gestion pour compte propre et de la gestion pour compte de tiers.

Les analystes financiers

Les analystes financiers sont devenus des chaînons essentiels dans la circulation, le traitement et la diffusion de l'information économique et financière concernant les entreprises.

Or la déontologie des analystes a été prise en défaut à de multiples reprises au cours des dernières années : utilisation d'informations privilégiées pour le compte de leurs firmes voire pour eux-mêmes, recommandations boursières infondées voire frauduleuses, interventions publiques non conformes à la déontologie du métier…

Le fond du problème vient du glissement progressif, non pas du plaisir, mais du rôle de l'analyste financier : au départ, celui-ci était chargé d'étudier les entreprises cotées afin de fournir des prévisions financières servant de base aux décisions d'investissement des gérants de portefeuilles institutionnels ou particuliers. Petit à petit, grâce à sa connaissance des entreprises et de leur management, l'analyste financier a accompagné le — voire s'est substitué au — banquier d'affaires. Il y a perdu l'essentiel de son recul et de son objectivité. Flirtant ouvertement avec les nouveaux managers, son rôle est devenu celui d'assurer la promotion, dans sa firme et à l'extérieur (y compris dans les médias), des titres qu'il avait pour tâche de « suivre », devenant ainsi progressivement prisonnier d'un chantage permanent de son employeur et du client : une recommandation « inadaptée » risquait de faire perdre un mandat ou d'altérer la relation avec — et donc le montant des commissions versées par — le client institutionnel ou *corporate*.

Pour ne prendre qu'un exemple aussi symptomatique qu'anecdotique, lors des dernières opérations de privatisation françaises en 2000 et 2001, le syndicat bancaire en charge du placement des titres n'autorisait les analystes à rencontrer la société que si ceux-ci s'engageaient par écrit à lui faire relire leur étude avant publication et s'interdisaient d'afficher des recommandations et des cours cibles. On croit rêver !

Intervient à ce stade le dernier effet pervers de la nouvelle condition sociale de l'analyste financier : désormais personnage public, faisant l'objet de classements, utilisé pour l'obtention de mandats, l'analyste est devenu l'objet d'un véritable vedettariat et ses rémunérations ont suivi une voie ainsi toute tracée. Des bonus mirobolants ont été octroyés, indexés sur les commissions versées à la banque ou à la société de Bourse par les clients. L'appât du gain a eu raison des dernières réticences déontologiques, et la plupart des recommandations des analystes se sont vues dictées par les *deals* et le *business* de l'employeur.

Pour sortir de cette « nasse », les mesures *a minima* relèvent du bon sens : prévenir l'obtention par l'analyste d'informations privilégiées dans le cadre de ses relations ou de celles de son employeur avec le management de l'entreprise (en interdisant notamment les entretiens « one to one », c'est-à-dire sans témoin) ; en cas de fuites ou de maladresses débouchant, malgré tout, sur l'obtention d'informations privilégiées, publication immédiate d'un communiqué de presse afin de rendre ces informations disponibles pour tous ; rémunération des analystes totalement indépendante des revenus ou des profits de l'employeur ; interdiction des portefeuilles boursiers personnels des analystes (ce qui ne leur interdit pas d'en confier la gestion sous mandat à un professionnel extérieur à leur firme).

D'une façon plus générale se pose la question de la pluralité de « casquettes » des analystes financiers, et notamment de l'accès aux informations privilégiées dont ils bénéficient lors de leur participation aux opérations financières des entreprises clientes. La solution la plus radicale consiste à séparer les métiers, à l'instar de ce qui s'est produit depuis quelques années entre analystes *buy side** (employés par les institutions financières ou les sociétés de gestion de portefeuille) et analystes *sell side** (employés par les banques d'affaires ou les courtiers en charge du montage des opérations et de la réalisation des transactions sur le marché secondaire). Dans ce cadre, les équipes d'analystes financiers en charge de l'étude d'une même société dans l'optique d'une opération financière seraient distinctes de celles chargées du suivi des titres de cette même société sur le marché secondaire. Ces dernières ne seraient autorisées à publier des évaluations et des recommandations boursières sur des secteurs ou des titres qu'à condition de pouvoir justifier de l'absence de toutes relations d'affaires. Cela suppose que cette séparation des métiers se fasse soit par spécialisation des intermédiaires, soit par filialisation au sein d'un même groupe financier, ces deux solutions (combinables entre elles) imposant de toute évidence le respect d'un code de bonne conduite très strict. Une solution plus radicale (et non exclusive de la précédente) consisterait, comme l'a proposé fin 2002 Eliot Spitzer, l'attorney général de New York (qui n'a pas la réputation d'être un dangereux collectiviste…), à créer un consortium de recherche indépendant financé par et à la disposition des grandes entreprises cotées.

Quelle que soit la solution retenue, il s'agit bien là d'un des domaines où s'affirme l'existence d'un véritable modèle européen et, au sein de ce modèle, un discret « cocorico » peut être hasardé. Alors que la SEC américaine n'a fait, sur ce thème, qu'un tout petit nombre de propositions bien timides (comme l'interdiction de relecture des études des analystes par le département « banque d'affaires » de leur institution : cela paraît le minimum), en France quelques progrès significatifs ont déjà été accomplis, avec notamment la création d'une carte professionnelle des analystes financiers et la décision générale du Conseil des marchés financiers de janvier 2002 consacrée à la déontologie des analystes. Aux termes de celle-ci, la rémunération des analystes ne peut plus être indexée. Par ailleurs, ceux-ci ne peuvent plus échanger d'informations avec les activités de *corporate finance* de leurs employeurs. Enfin, leurs études doivent être diffusées concomitamment en interne et en externe, et doivent être précédées d'avertissements en cas d'activités multiples (mesure essentielle à nos yeux).

Tout cela paraît bel et bon. Il ne reste plus, pour les intermédiaires financiers, qu'à appliquer ces règles sans délai et sans faux-fuyant et, pour les autorités de tutelle, à vérifier la forme et le fond de cette application. Courage, on tient, dans ce domaine, le bon bout. Reste à se servir de ce bout. Et, quand il le faut, à sanctionner. À quand remonte la dernière exclusion d'analystes ou la dernière sanction adressée à une institution coupable de faute en la matière ? Les autorités seraient-elles trop polies pour être honnêtes ? On n'ose le penser…

Huitième chantier
Réformer les métiers d'analyse financière

Mesure n° 28 : interdiction d'utilisation d'informations privilégiées.

Mesure n° 29 : indépendance totale des rémunérations par rapport aux différents indicateurs globaux d'activité de l'employeur.

Mesure n° 30 : interdiction des portefeuilles boursiers gérés personnellement.

Mesure n° 31 : séparation des équipes d'analystes travaillant sur des opérations financières de celles conseillant les clients particuliers et institutionnels et/ou création d'un consortium de recherche indépendant.

Mesure n° 32 : généralisation des cartes professionnelles et application effective de sanctions en cas de manquement aux règles déontologiques.

Les gérants de capitaux

Les gérants de capitaux, qu'ils travaillent en direction de clients institutionnels ou de particuliers, interpellent la déontologie « au niveau du vécu », et ce à trois niveaux au moins : dans leur mode de gestion, dans leur mode de rémunération et dans leurs relations avec leurs clients. Les méthodes de gestion se sont beaucoup professionnalisées tant aux États-Unis qu'en Europe, avec l'utilisation croissante, sous la pression des grands clients institutionnels, de cabinets externes chargés de la sélection des gérants, de la mesure de leurs performances et de l'audit de leurs moyens matériels et humains. Toutefois, il reste des zones d'ombre, notamment dans l'accès aux informations, dans l'utilisation éventuelle d'informations privilégiées ou dans les relations avec les intermédiaires, banquiers ou *brokers*.

Pendant les « années folles », certains *brokers* monnayaient l'accès de leurs clients aux introductions en Bourse ou aux placements de titres très demandés, en réclamant, en échange, un volume minimum de commissions sur le marché secondaire (à la revente des mêmes titres ou d'autres valeurs). Des banquiers de Crédit Suisse First Boston avaient même élaboré un système sophistiqué de « rétrocession de commissions » par les clients en fonction des plus-values boursières réalisées par ceux-ci ! En sus des sanctions financières et pénales prises contre ce type de pratiques, il conviendrait de protéger les gérants de l'agressivité commerciale des intermédiaires, en obligeant ces derniers à passer par des équipes de *trading* « maison », placées sous le contrôle d'un déontologue*.

Ces *traders* verraient l'ensemble de leurs conversations téléphoniques enregistrées et se verraient interdire toute relation personnelle avec les intermédiaires. Le choix des intermédiaires serait décidé et révisé périodiquement selon une grille multicritère élaborée par l'ensemble des personnels intéressés (analystes financiers *buy side*, gérants, *traders* et personnels de *back office*) sous l'autorité du déontologue de la maison. Quant à la circulation de l'information, elle devrait au maximum passer par l'écrit ou *via* Internet, de façon que l'ensemble des clients soit sur un pied d'égalité. Le gérant et/ou l'analyste *buy side* devrait par ailleurs s'assurer que, lors de contacts individuels ou collectifs avec les entreprises ou les intermédiaires (*via* les analystes financiers ou les vendeurs), toute information nouvelle susceptible d'influer sur les cotations fasse l'objet d'un communiqué de presse.

L'utilisation éventuelle d'informations privilégiées repose ici la question de la qualification pénale du délit d'initié, alors que, jusqu'à maintenant, les tribunaux européens, notamment français, se sont révélés particulièrement laxistes dans ce domaine.

Les modes de rémunération des gérants de capitaux constituent, comme pour d'autres catégories de professionnels de la finance, un autre moyen de moraliser le système, en limitant les pratiques de type « pousse au crime ». En particulier, l'indexation des rémunérations sur les performances des portefeuilles gérés constitue une incitation puissante à tenter de les améliorer en recourant aussi bien à des informations privilégiées qu'à l'accès préférentiel aux IPO* (introductions en Bourse) et autres émissions, à l'utilisation dangereuse des produits dérivés ou même le camouflage d'erreurs éventuelles. Les rémunérations des gérants de capitaux devraient être, au maximum, fixes, avec d'éventuels bonus totalement discrétionnaires, sous contrôle du déontologue.

Les relations des gérants avec leurs clients varient significativement selon qu'il s'agit de portefeuilles d'institutionnels ou de particuliers. Les grands clients institutionnels utilisent de plus en plus des agences spécialisées et n'entretiennent pas de relations directes avec les gérants, sauf pour s'informer dans le cadre collectif de comités de gestion ou de conseils de surveillance. En revanche, les gérants de fortunes privées entretiennent, souvent soigneusement, une zone d'ombre majeure. Le cas le plus extrême est celui des gérants installés dans certains paradis fiscaux, qui, *via* des comptes à numéro ou un certain laxisme dans les procédures, participent directement à la fraude fiscale, au recyclage d'argent sale, aux délits d'utilisation d'informations privilégiées ou encore aux différentes formes de corruption.

C'est là une situation extrême. Mais les gérants privés des banques et institutions financières plus officielles sont aussi soumis à la tentation de franchir la ligne jaune dans leurs relations avec leurs clients. En effet, le gérant intègre souvent la fonction commerciale et doit donc attirer puis retenir le client. La tentation devient, dès lors, forte, surtout dans des marchés boursiers difficiles, d'améliorer les performances par des moyens douteux (informations privilégiées obtenues auprès des clients eux-mêmes, spéculation, utilisation abusive des dérivés, etc.). On entre alors dans l'univers de ce que le sage Henry Kaufman, ancien patron de Salomon Brothers, appelait les *high octane portfolio managers* !

Une solution à la moralisation des relations entre gérants et clients particuliers réside dans l'obligation et le durcissement des mandats de gestion signés entre les deux parties : les objectifs et le niveau correspondant de prise de risque devraient être spécifiés et quantifiés, tout manquement donnant lieu à indemnisation. Dans les cas d'intégration d'OPCVM dans les portefeuilles, devrait être interdite toute exclusivité ou utilisation préférentielle des produits maison. De plus, les systèmes de double facturation, c'est-à-dire de multiplication de commissions diverses, *via* les OPCVM et les portefeuilles-titres (ou contrats d'assurance vie), devraient être interdits, ou cantonnés à chaque prestation (gestion, *back office*, fiscalité). Quant aux gérants localisés dans des paradis fiscaux, l'instauration d'un minimum de déontologie passe par un durcissement de l'application de la réglementation internationale (GAFI) se fixant pour objectif majeur le boycottage total des paradis fiscaux par les banques et institutions financières respectables : ces gérants pourraient, certes, encore collecter l'argent sale, mais ils ne pourraient plus le recycler sur les marchés bancaires ou boursiers internationaux et se trouveraient ainsi dans l'impossibilité d'offrir sécurité et rentabilité aux capitaux en question.

Neuvième chantier
Réformer les métiers de gérant de capitaux

Mesure n° 33 : élaboration et application d'un code de déontologie relatif aux relations entre gérants de capitaux et intermédiaires.

Mesure n° 34 : obligation de passer, pour les ordres institutionnels, par des équipes de *trading* « maison ».

Mesure n° 35 : déconnexion de la rémunération des gérants des performances financières de leur entreprise.

Mesure n° 36 : durcissement des mandats de gestion signés avec les particuliers.

Mesure n° 37 : boycottage des gérants installés dans des paradis fiscaux.

Les auditeurs et les agences de notation

Nous avons gardé le meilleur pour la fin. Les auditeurs sont dans l'œil du cyclone. Il faut reconnaître que détruire des documents officiels lorsque son métier est de les préserver et de les pérenniser, même s'il semble s'agir d'un cas isolé, cela ressemble fort à un comportement de « curé pédophile ». Le comportement du cabinet Arthur Andersen sur le dossier Enron a ainsi entraîné une remise en cause profonde de la déontologie de cette profession.

Aux États-Unis, le prolongement légal de ce scandale se retrouve dans la loi Sarbanes-Oxley (SOA) de juillet 2002, qui a créé le Public Company Accounting Oversight Board, organisme privé à but non lucratif chargé, sous le contrôle de la SEC, de la supervision des cabinets d'audit. Afin de défendre l'indépendance des fonctions d'auditeur, il est désormais interdit à ceux-ci de fournir à un client d'autres prestations que celles de révision des comptes, cette règle s'exerçant sous le contrôle du comité d'audit de l'entreprise.

Le SOA limite par ailleurs le mandat des auditeurs à cinq ans et prévoit l'alourdissement des sanctions civiles et pénales existantes, notamment en cas de fraude et de destruction de documents comptables (jusqu'à vingt-cinq ans de prison).

Toutefois, demeurent deux types de questions : cette réforme peut-elle s'appliquer seulement aux États-Unis, et est-elle suffisante ? Outre les firmes américaines, la réforme initiée par le SOA ne concerne que les entreprises multinationales étrangères cotées à Wall Street. Il devient donc urgent que des mesures équivalentes soient adoptées en Europe (au niveau de Bruxelles) et en Asie, afin de faire respecter l'interdiction — de bon sens — du cumul des fonctions d'audit et de conseil, d'obliger à la création de comités d'audit indépendants auprès des conseils d'administration et de prévoir des sanctions appropriées (ce qui oblige dans la plupart des cas à l'adaptation des législations nationales). Plus importante sans doute est la question de l'insuffisance de cette réforme : en effet, elle ne répond pas à un certain nombre de questions essentielles. Qui sélectionne les auditeurs ? Faut-il un ou plusieurs auditeurs ? L'audit doit-il se limiter aux documents comptables ? Qui rémunère cette fonction ? Les auditeurs sont-ils autorisés à « pantoufler » chez les clients ? *Last but not the least*, qui supervise les auditeurs dans les pays encore soumis à l'autorégulation ?

La question du *choix des auditeurs* ne peut être abandonnée à la discrétion du management, ni même du conseil d'administration, ces deux instances ne représentant qu'une partie et une partie seulement des *stakeholders*. Dans ce domaine, nous sommes favorables à ce que soit prévu un droit de regard des représentants des salariés de l'entreprise, des associations d'actionnaires, voire de certains représentants de la société civile (collectivités locales concernées, ONG du secteur d'activité de l'entreprise). Cette large consultation ne devrait pas être trop difficile à organiser dans la mesure où elle n'interviendrait que tous les cinq ans. Les auditions devraient déboucher sur le choix de plusieurs auditeurs, à l'instar du système français qui prévoit deux commissaires aux comptes (en gardant à l'esprit que, dans de nombreux cas, il se révèle peu stimulant, car reposant sur la connivence corporatiste plutôt que sur la concurrence). Une solution garantissant l'indépendance de l'audit consisterait à faire nommer un des commissaires aux comptes par une autorité extérieure, conférant à l'heureux élu une légitimité forte vis-à-vis du management.

Afin d'aider au choix des auditeurs, la création de systèmes de *rating* professionnels pourrait être envisagée, s'appuyant notamment sur une mesure de la pertinence de leurs visas au regard de l'évolution ultérieure des risques dans les entreprises auditées. Retour indispensable à la transparence et aux charmes du *rating*. Enfin, sur ce sujet, dernière règle à respecter : le renouvellement devrait tenir compte des risques d'assoupissement que ne peut manquer de provoquer un allongement de la durée du mandat. La solution ? Soit un mandat non renouvelable (solution souvent évoquée mais qui est potentiellement contradictoire avec une plus grande responsabilisation de l'auditeur), soit (solution qui a notre préférence) la possibilité de renouvellement assortie d'une obligation de changement du partenaire responsable au sein du cabinet d'audit.

La question, cruciale à nos yeux, de l'*accès aux sources d'information*, non seulement comptables, mais économiques et financières, soulève, pour sa part, le problème du droit d'accès, hors hiérarchie, des auditeurs à l'ensemble des acteurs de l'entreprise : services fonctionnels, *mid-management*, représentants syndicaux, etc. Ce droit d'accès paraît, de bon sens, devoir être octroyé : n'est-ce pas l'intérêt de l'entreprise et de ses actionnaires que d'avoir la vision la plus complète possible du « dessous des cartes » ?

Le *mode de rémunération des auditeurs* est également un des aspects essentiels de leur indépendance, le système actuel les faisant évidemment dépendre de l'entreprise cliente, avec des montants de commissions en jeu de plusieurs dizaines de millions de dollars dans le cas de la plupart des multinationales. Si nous voulons une profession d'audit propre, commençons par revaloriser le tarif de ses prestations par rapport aux services de conseil. Quant aux modalités de financement, la proposition la plus radicale consisterait, nous l'avons dit, à mutualiser les commissions d'audit, *via* des prélèvements de type parafiscaux au niveau professionnel, afin de couper tout lien financier direct avec l'entreprise. Si l'on veut éviter tout risque de création d'« usines à gaz » et de dilution des responsabilités (ce qui ne nous paraît pas une difficulté insurmontable), il conviendrait alors de confier au comité d'audit indépendant le soin de fixer les rémunérations des auditeurs et de contrôler l'utilisation de celles-ci. Il va de soi que la transparence sur les rémunérations perçues par les auditeurs devrait être totale (comme semble le prévoir le projet de loi sur la sécurité financière).

Enfin, concernant la question du *« pantouflage » des auditeurs* chez tel ou tel de leurs clients, pratique particulièrement répandue chez les *fat four* (pour lesquels il s'agit d'un mode normal de gestion des carrières et d'incitation des jeunes recrues), l'unique solution consiste dans sa prohibition pendant une durée à définir, d'au minimum trois ans après la fin de la mission d'audit dans l'entreprise considérée. Cette période de transition permettrait de couper tous les liens personnels ayant pu s'établir entre l'auditeur et l'entreprise supervisée et limiterait au minimum les risques de collusion, le jeune auditeur étant alors incité à poursuivre sa carrière sous d'autres cieux.

La question de la *supervision des auditeurs* est, quant à elle, partiellement réglée aux États-Unis avec la création du Public Company Accounting Oversight Board, composé de cinq personnes dont deux seulement proviennent de la profession, nommées par la SEC et dotées d'un pouvoir de sanction des auditeurs indélicats. Un terme a ainsi enfin été mis à l'injustifiable autorégulation ! En Europe, toutefois, le problème reste posé, à l'image de la France où la Compagnie nationale des commissaires aux comptes (CNCC) demeure une structure strictement corporatiste composée de professionnels au niveau régional, puis national. Quant au Comité de déontologie de l'indépendance (tout un programme...), mis en place début 1999, il se contente à ce jour de transmettre des avis et recommandations à la COB et à la CNCC. Une mission plus ambitieuse doit lui être confiée.

Dans ces différents domaines, depuis la loi SOA, l'Europe est à la traîne des États-Unis. Réagissons, nous en avons les moyens. L'objectif reste, en Europe comme aux États-Unis, dans une période où la réalité de l'entreprise est de plus en plus difficile à appréhender, non pas de désigner les commissaires aux comptes à la vindicte populaire, mais de transformer ceux-ci en véritables commissaires aux risques, avec tous les droits et tous les devoirs associés à cette charge, enfin revalorisée.

Un dernier mot, pour finir, sur les *agences de notation*. Ces agences ont une influence de plus en plus grande et un statut de plus en plus ambigu. Quand on sait qu'elles sont payées par leurs clients et que ceux-ci ont la possibilité d'interdire la publication de leur note, on commence à se poser des questions. Quand on sait que, selon les trois grandes agences, Enron, au moment de son dépôt de bilan, était classé BBB + (soit, en théorie, moins de 4 % de risques de faire faillite...), on cesse presque de s'en poser.

Quelle solution apporter à ce problème ? Certains, y compris parmi les officiels, ont posé la question pertinente d'une éventuelle nationalisation des grands cabinets d'audit, solution qui nous semble présenter plus d'inconvénients que d'avantages. Tel n'est pas notre sentiment, en revanche, concernant les agences de notation. Celles-ci remplissent aujourd'hui une véritable fonction de service public et les nouveaux ratios réglementaires (dans le secteur financier notamment, avec les futurs ratios McDonough) vont considérablement renforcer cette fonction (pour les banques de petite taille, la notation de leurs clients par ces agences sera, en

2005, quasi obligatoire). Il faut savoir en tirer les conséquences. Une première solution consisterait à aligner, sur certains points, cette profession sur celle de journaliste. Cela peut paraître incongru, mais un financement pour partie sous forme de subventions, une législation comparable à celle de la presse, avec notamment l'existence d'un droit de réponse pour les entreprises s'estimant maltraitées, cela ne permettrait-il pas une plus grande impartialité ?

Une solution plus radicale qui, compte tenu de la situation, a notre préférence, consisterait en une appropriation collective de cette fonction (le statut public n'étant pas dans ce domaine preuve absolue d'inefficacité comme en témoigne l'« agence de notation » de la Banque de France, FIBEN). Cette « nationalisation » n'est, bien évidemment, pas facile à mettre en œuvre. Au-delà des cris d'orfraie de certains (en particulier des premiers concernés, les agences elles-mêmes), les vraies difficultés tiennent au mode de nationalisation et au système de contrôle des agences ainsi nationalisées. Sur le premier point, la réponse est simple : cette nationalisation ne pouvant relever de l'un quelconque des États-nations, une procédure internationale doit être mise en place, dans ce domaine comme cela a déjà été fait dans bien d'autres. N'est-on pas en train d'envisager une Organisation mondiale de l'environnement pour faire face aux défis du développement durable ? Une Organisation mondiale d'évaluation ne nous paraît pas poser plus de problèmes. Au contraire, puisque la « matière première », c'est-à-dire les agences, existe déjà. Quant au système de contrôle de ces agences, l'équilibre sera sûrement difficile à trouver pour que soit évitée toute bureaucratisation. Mais, là aussi, il faut savoir ce que l'on veut. Si l'on pense qu'une nouvelle régulation de l'entreprise est indispensable, il faut s'en donner les moyens. Et pour éviter les pièges de l'autorégulation, l'ouverture des instances de supervision à tous ceux qui sont concernés nous semble la voie la plus difficile certes, mais aussi la plus payante à terme.

Dixième chantier
Réformer les métiers d'audit et de notation

Mesure n° 38 : supervision des auditeurs par une autorité de régulation européenne.

Mesure n° 39 : interdiction temporaire de « pantouflage » des auditeurs chez les clients.

Mesure n° 40 : sélection des auditeurs par le comité de nominations, voire par une autorité extérieure à l'entreprise pour l'un d'entre eux.

Mesure n° 41 : établissement d'un *rating* des auditeurs.

Mesure n° 42 : élargissement des conditions d'accès, pour les auditeurs, aux sources d'information de l'entreprise.

Mesure n° 43 : « nationalisation » des agences de notation.

Les journalistes spécialisés et autres ONG…

Oh la la ! Où nous embarquons-nous ? Émettre une critique, aussi mesurée soit-elle, sur la profession de journaliste ; pire, suggérer des réformes… À quelles représailles s'expose-t-on ? Car cette profession particulièrement diverse (et c'est sa force) retrouve un instinct grégaire dès lors qu'un de ses membres, quelles que soient ses dérives, est mis en cause. D'où un avertissement à l'ensemble des médias : si un seul article ou un seul compte rendu audiovisuel sur ce livre n'est pas totalement dithyrambique, nous aurons beau jeu de souligner que cela est dû seulement à un esprit de revanche que la justesse de nos traits et de nos propositions justifie pleinement mais n'excuse en aucun cas…

Si nous abordons ce paragraphe sur le ton de l'humour, c'est que nous sommes bien embarrassés. Quels reproches exacts faire aux journalistes économiques ? Leur esprit parfois moutonnier ? Les banques font pire. Leurs « ménages » (prestations rémunérées) ? Qui n'en fait pas ? Et pourtant, il nous semble que, s'il est un domaine où des améliorations sont possibles à moindre coût et à relativement court terme, c'est bien celui-là. Par souci d'efficacité (et par respect), nous nous abriterons derrière le manifeste publié par le *Financial Times* au lendemain de l'affaire Enron. Trois leitmotiv : prudence en matière de *success story*, allongement de la durée des enquêtes et amélioration de la formation.

De ces trois points, seul le dernier nous paraît échapper aux vœux pieux (ce qui ne veut pas dire que, si le gouvernement d'entreprise des médias fonctionne normalement, ces vœux pieux ne puissent être exaucés). Notre proposition est la suivante : que les journalistes traitant d'opérations de marché aient l'obligation d'une formation complémentaire initiale et d'une formation permanente (on pourrait, il est vrai, faire la même suggestion pour certains universitaires supposés spécialistes...). Cet effort devrait être financé pour moitié par les médias eux-mêmes (avec le 1 % formation, en France, cela ne pose pas de problème) et pour moitié par les entreprises cotées au prorata de leur capitalisation. En espérant que, au-delà de l'apprentissage des techniques financières sans cesse plus sophistiquée, cette formation remette au goût du jour — et la remarque va bien au-delà des journalistes, n'est-ce pas messieurs les enseignants ? — non pas seulement la « création de valeur », mais aussi la création de... valeurs.

Cela peut paraître peu de chose, mais, si on le couplait avec une notation annuelle des journalistes spécialisés établie selon des critères objectifs (ce qui n'est pas très difficile à organiser, dès lors que l'on en a la volonté), on ne se dirigerait pas sur le chemin de Damas de l'information économique avec l'espoir à mi-chemin de la révélation divine, mais on aurait au moins franchi quelques étapes sur le chemin, bien plus prosaïque mais néanmoins salvateur, de Saint-Jacques-de-Compostelle. Enfin, rappelons-le simplement pour mémoire, l'interdiction de gestion directe d'un portefeuille boursier par les journalistes spécialisés s'impose d'elle-même de manière aveuglante, aujourd'hui plus encore qu'hier. Cela va sans dire, mais cela va encore mieux...

En guise de conclusion sur l'information du grand public, nous voudrions dire deux mots des ONG. La découverte de leur existence par les médias est récente et elle s'est principalement focalisée sur les problèmes de développement. Quelques strapontins au sommet de Rio ; de nombreux stands à Porto Alegre ; un *come-back* remarqué dans les instances officielles au sommet de Johannesburg. En dix ans, une ascension sociale fulgurante (vous voyez qu'il ne faut pas désespérer du capitalisme...) ! Mais tout cela ne concerne que très indirectement l'entreprise (au-delà de la contribution éventuelle des entreprises au concept flou de « développement durable »).

Les structures de défense des actionnaires minoritaires doivent ainsi impérativement se multiplier et jouer pleinement et sincèrement leur rôle de « grain de sable ». De même en est-il des associations de consommateurs qui, bien que directement concernées, sont totalement absentes des débats sur le gouvernement d'entreprise. Les pouvoirs publics y ont tout intérêt. Si, en France, le ministère des Finances ouvre une ligne budgétaire de quelques dizaines de millions d'euros pour financer ces initiatives, cela ne devrait pas peser de manière indûment antimaastrichienne sur les déficits publics...

Mais là n'est pas l'essentiel. L'essentiel, ce serait plutôt la prise de conscience par les grandes ONG que la solution aux problèmes qu'elles se sont donné pour objectif de résoudre passe nécessairement par une réflexion et une action sur l'entreprise. Et pas seulement en matière de développement durable. Tout ce livre s'est donné pour ambition de montrer que le lien micro-macro avait, au cours des vingt dernières années, changé de nature. Prôner la réforme du FMI et l'annulation de la dette du tiers monde sans se préoccuper de gouvernement d'entreprise dans les pays du Sud (et dans ceux du Nord aussi), c'est la voie de la facilité.

La solution ? Elle n'est pas simple à énoncer, compte tenu du degré de déshérence de la réflexion collective sur ces sujets. Soyons modestes. Contentons-nous de recommander la tenue très rapide d'une conférence réunissant les principales ONG et consacrée au thème du gouvernement d'entreprise. Et, par ailleurs, mettons en place un programme de formation accélérée (dont le financement ne devrait pas poser de problème majeur) pour que les cadres des ONG sachent enfin de quoi ils parlent, au-delà des dénonciations, par ailleurs indispensables, du travail des enfants. Faisons déjà cela et on en reparlera...

Onzième chantier
Réformer les métiers d'information du grand public

Mesure n° 44 : obligation de formation initiale et permanente pour les journalistes financiers.

Mesure n° 45 : à l'instar des autres professionnels, interdiction, pour les journalistes, des portefeuilles boursiers individuels.

Mesure n° 46 : sensibilisation des ONG et des associations de consommateurs à la problématique du gouvernement d'entreprise.

Le lecteur sera peut-être surpris, au terme de ce panorama des métiers d'assistance aux entreprises, que les avocats passent, une fois de plus, « au travers des mailles du filet ». Eux qui vont désormais gagner beaucoup d'argent pour défendre les clients qu'ils avaient préalablement convaincus qu'« impossible n'est pas juridique ». Au risque de paraître complaisant, nous ne voyons aucune réforme majeure à apporter aux règles de fonctionnement de cette profession.

Le cadre existe déjà. Ce n'est pas à nous, mais aux avocats eux-mêmes et à leurs instances de contrôle, de vérifier que le tableau qui est au milieu n'est pas un… faux.

10

L'entreprise sereine

« Un homme devient sage à force de se rendre compte de ce qui lui arrive quand il ne l'est pas. »

Dublin Opinion

Brique après brique, nous avons essayé de reconstruire, dans les chapitres qui précèdent, un nouvel habitacle pour le gouvernement d'entreprise. Reste à définir les composantes du mortier (*bricks and mortar*, on y revient toujours) qui fera tenir l'édifice. À l'argile comptable, il convient ainsi d'additionner le sable du contrôle interne des entreprises.

Le grand ménage comptable

La loi Sarbanes-Oxley, signée par le président Bush en juillet 2002, a contraint les dirigeants (P-DG et directeurs financiers) des 14 000 entreprises américaines et des 1 400 étrangères cotées à Wall Street à certifier personnellement leurs comptes périodiques (trimestriels, semestriels et annuels). La SEC a demandé aux 940 plus importantes de le faire dès le mois suivant, ce qui — paradoxe au pays où, nous dit-on, « everything is under control » — n'est pas sans poser de problèmes à une écrasante... minorité d'entre elles. Dans un système juridique dominé par les avocats, cette responsabilisation personnelle donne à ces derniers de puissants arguments en cas de défaillances, voire de fraudes, comptables. Toutefois, cette démarche continue à reposer sur la double idée que, en matière de comptabilité, tout ce qui n'est pas interdit est possible et que la simple peur du gendarme ou de la sanction financière suffira à éviter la répétition des errements du passé.

À cela s'oppose la démarche européenne, qui a le mérite d'interdire tout ce qui n'est pas explicitement prévu, mais qui n'en pèche pas moins en laissant subsister de nombreux trous, notamment en matière de consolidation des filiales aux activités dissemblables, de consolidation des entités *ad hoc*, d'évaluation des produits de gré à gré et de hors-bilan, de durée d'amortissement du *goodwill*, de définition des règles de provisionnement ou encore de classification de certains instruments de capitaux (comme les actions préférentielles) qui se situent à mi-chemin entre dettes et capitaux propres.

Il est à noter qu'un système extrêmement régulé comme le système français, digne descendant de la tradition napoléonienne, n'empêche pas les dérives du type Vivendi Universal ou Alsthom. La loi comptable de 1983 apparaît, certes, extrêmement sécurisante, le système étant renforcé par des organismes publics de régulation (Conseil national de la comptabilité et Comité de réglementation comptable), ainsi que par des organisations professionnelles dotées à la fois d'un commissaire du gouvernement, de codes des devoirs professionnels, de conseils de discipline et de procédures de contrôle de l'exécution des missions légales, tout ce petit monde étant équipé de plans comptables « maison » (Ordre des experts-comptables et Compagnie des commissaires aux comptes). En fait, les comptes les plus minutieux du monde ne pourront jamais fournir autre chose qu'une photographie instantanée de l'entreprise et ne permettront pas de faire l'économie de l'intervention d'analystes en tous genres, dotés à la fois d'une solide dose de curiosité ainsi que de la capacité de raisonner par analogie et de faire des comparaisons.

La première proposition de bon sens dans ce domaine, réclamée par nombre de professionnels et d'utilisateurs, notamment les multinationales, consiste dans l'*harmonisation des normes comptables internationales*. Cela devrait évidemment se faire par le haut, c'est-à-dire en prenant le meilleur des différents systèmes et non pas en s'entendant sur le minimum. Dans ce domaine, il nous paraît essentiel que l'Europe joue sa propre carte et renonce à adhérer à l'IASC. Cela est, à nos yeux, parfaitement réaliste. Afin de construire une doctrine qui lui soit propre, l'Europe doit lancer une vaste consultation incluant non seulement les professionnels, mais aussi les syndicats, les universitaires et tous les représentants de la société civile concernés par le devenir de l'entreprise. C'est au terme de cette consultation, qui pourrait être limitée dans le temps à douze mois, que l'Europe pourra engager des discussions avec le FASB (Financial Accounting Standards Board, organisme américain indépendant en charge de l'établissement des normes comptables) afin de poser les bases d'une harmonisation internationale équilibrée. Si, par pusillanimité, cette voie n'était pas explorée, il conviendrait alors de faire pression sur l'IASC afin que celui-ci se dote, à tout le moins, d'un organe de contrôle qui ne relève pas de la simple autorégulation.

Mais, au-delà de ce « grand soir » comptable international, d'autres mesures peuvent être prises, au plan européen au moins, qui ne nécessitent l'assentiment que de nous-mêmes.

La première réforme concerne la *réfaction progressive du hors-bilan* et la réintégration dans le champ de consolidation de l'entreprise de l'ensemble des filiales, quel que soit le seuil de détention capitalistique. La guerre aux SPV* nous semble ainsi devoir être déclarée au plus vite.

Il est clair que cette mesure ne peut être décrétée du jour au lendemain. L'idée serait alors de procéder de manière graduelle, dans le cadre d'une programmation à horizon de quatre ans. Pour tenir compte des difficultés de réintégration de certaines opérations, le calendrier que nous proposons est le suivant :

— la première année, la (ou plutôt les) titrisation(s),

— la deuxième année, les SPV et autres entités « déconsolidantes »,

— la troisième année, les cautions et autres garanties,

— la quatrième année, les instruments financiers dérivés et les positions sur les marchés à terme.

Il va de soi que, en attendant cette réforme à géographie temporelle variable, le principe de transparence absolue sur ces opérations (et, en particulier, sur la création de SPV) doit être appliqué.

La question de la « *juste valeur* » (*full fair value*) des comptes de bilan a commencé à être traitée au niveau européen, avec l'adoption, en mai 2001, d'une directive relative à l'évaluation à leur « juste valeur » des principaux instruments financiers. Reste à transposer cette avancée en droit interne de chaque pays, notamment en France où les établissements financiers font de la résistance (bien compréhensible du fait de leur forte position sur le marché international des produits dérivés de gré à gré et donc du fait du risque de volatilité accrue de leurs résultats — de même que d'amplification des cycles — qui découlerait de l'adoption de telles contraintes).

Mais la problématique de la juste valeur est beaucoup plus large et concerne d'autres postes que les seuls instruments financiers. Les immobilisations pourraient ainsi faire l'objet de réévaluation ou, à l'inverse, de corrections négatives. Par ailleurs, les survaleurs (*goodwill*) constatées lors des opérations de croissance externe pourraient être remises en cause à chaque arrêté annuel des comptes. Cela éviterait les brutales opérations-vérité, comme celles imposées en 2002 aux ténors de la « bulle » Internet et aux champions des médias ou du téléphone. L'amortissement des survaleurs devrait ainsi être rendu obligatoire, sur une durée ne dépassant pas dix ans, horizon normal pour juger de la validité d'un investissement ou de la pertinence d'un management.

Il n'en demeure pas moins que le but de la comptabilité n'est pas d'évaluer patrimonialement une entreprise (le cours de Bourse est là pour ce faire) et que l'utilisation de la « juste valeur » est à manier avec beaucoup de prudence. Son utilité ne réside pas tant dans la réévaluation des actifs, qui pose de gros problèmes de méthodes, que dans la correction à la baisse de ceux-ci en cas de besoin. Les adversaires de la « juste valeur » insistent d'ailleurs sur le fait qu'existent déjà des possibilités comptables d'amortissement des actifs, de provisionnement des engagements douteux ou des risques latents ainsi que de constitution de réserves pour « coups durs ». Ces possibilités doivent être utilisées de manière plus systématique.

Dans cette perspective qui n'est pas sans charme, la proposition d'un « *ratio Cooke* » pour les entreprises, à l'image de ce qui existe pour les institutions bancaires, mérite d'être creusée (en l'absence au moins de la création systématique de banques de groupe comme évoqué précédemment). L'instauration du ratio Cooke a conduit, dans un passé récent, les banques à mieux pondérer leurs risques et à « domestiquer » l'utilisation de leur base capitalistique, en rapportant leurs fonds propres à leurs engagements de crédit et autres emplois à risque ainsi qu'en exigeant d'elles des fonds propres minimaux. Dans le cas des entreprises non financières, cela reviendrait à un ratio d'endettement calculé selon une méthodologie commune, permettant des comparaisons internationales et instaurant une norme minimale. Toutefois, compte tenu de tailles et d'intensité capitalistique extrêmement variables selon les activités, ce ratio Cooke des entreprises devrait être décliné sectoriellement, ce qui complique, certes, sa mise en place et sa lisibilité, mais ne retire rien, bien au contraire, à ses vertus pédagogiques.

Dans le cas, plus simple (et plus immédiatement productif), des institutions financières non bancaires, au premier rang desquelles figurent les sociétés de gestion de capitaux et les compagnies d'assurance, la mise en œuvre d'un tel ratio (que l'on retrouve en creux, mais de manière encore trop superficielle, dans le projet de directive européenne sur les conglomérats financiers) aurait l'immense mérite de mieux cadrer la prise de risque, sans pour autant — la mise en application du ratio Cooke l'a amplement démontré — nuire de quelque manière que ce soit au dynamisme commercial des professions concernées. Bien au contraire : en tout domaine d'intermédiation, l'exacte mesure des risques pris s'est toujours révélée le plus sûr garant de l'audace opérationnelle.

Concernant les *stock-options* : il convient de les considérer comme des éléments de rémunération et donc de les intégrer dans les charges des entreprises. Cela relève du simple bon sens. Ce sont bien des modalités de rémunération indirectes qui, si elles passent du statut virtuel (quand elles sont octroyées) au statut réel (quand elles sont exercées), pèsent sur les résultats des entreprises. Et leur intégration en tant que charge participe donc d'une plus grande transparence sur la réalité financière des entreprises. Cette comptabilisation des *stock-options* en charges annuelles se justifie pleinement dans le cas des entreprises américaines, qui s'engagent dans la plupart des cas à racheter les titres correspondants avec leur trésorerie.

La situation est différente, et plus discutable, dans les pays comme la France, où la plupart des *stock-options* proviennent d'augmentations de capital réservées, les titres correspondants devant être vendus en Bourse pour concrétiser la plus-value existante. Dans ce cas, se posent la question de l'information de l'ensemble des actionnaires sur le prix de souscription et celle de l'effet de dilution correspondant sur les actions existantes. Une amélioration de l'information aux actionnaires est envisageable, en particulier sur l'effet dilutif des nouveaux titres. En revanche, quand il s'agit non d'options de souscription, mais d'achats, on retombe dans le cas américain et la comptabilisation en charges de ces rémunérations doit devenir la règle.

En ce qui concerne la comptabilisation des *engagements de retraite*, nous souscrivons à l'idée qu'ils figurent en dette au bilan des entreprises, contrebalancés à l'actif, dans les pays ayant, comme les États-Unis, adopté la retraite par capitalisation, par les portefeuilles d'investissements correspondants. De cette manière, une éventuelle insuffisance de financement ressortirait de la comparaison de ces deux masses financières. Rappelons, à titre d'exemple, que General Motors, qui a investi 35 milliards de dollars en 2002 pour produire des voitures, gérait dans le même temps 140 milliards de dollars au titre de ses engagements à l'égard de ses salariés en matière de retraite et de couverture maladie. Quand les Bourses baissent de 10 %, c'est ainsi 15 % de la capitalisation boursière de General Motors qui s'évaporent. General Motors ou General Bank ? Il faut choisir. Notre proposition de réforme suppose toutefois que le calcul des engagements soit réalisé par des organismes externes, le problème étant plus simple dès lors qu'il est possible d'effectuer la valorisation des investissements réalisés aux prix de marché.

À noter que le calcul des engagements de retraite se pose différemment si l'on se situe dans le cadre de fonds de capitalisation à prestations définies ou dans le cadre de systèmes de retraites par répartition, dans lesquels le nombre de bénéficiaires et les montants versés sont beaucoup plus aléatoires. Cela n'en rend que plus urgentes l'évaluation de la dette future des entreprises concernées, et la nécessité d'élaboration de méthodes acceptées par tous (et en France, cela permettra peut-être de privatiser EDF en toute transparence et donc en toute tranquillité).

Dans un registre plus général, il nous paraît indispensable d'inverser, pour les banques d'affaires, la *charge de la preuve* lors d'opérations comptables complexes ne relevant pas de l'objet social de l'entreprise. Cela concerne, bien entendu, toute opération effectuée dans le cadre de zones géographiques externes aux activités naturelles de l'entreprise (Jersey pour aller au plus proche...) ou ayant comme objectif principal, voire exclusif, ce que l'on appelle pudiquement l'« optimisation fiscale ». Il ne s'agit pas ici de jouer au croisé de la lutte anti-blanchiment, au risque de faire perdre aux entreprises européennes leur compétitivité tant que cette lutte reste trop pacifique, ouvrant ainsi la porte à tous les « dumpings fiscaux ». L'objectif est seulement d'informer le comité d'audit de l'entreprise de la nature des opérations envisagées et de leur niveau de risque.

Enfin, *last but not the least*, il faut très rapidement décider la *suppression des rapports trimestriels* et le retour aux publications bisannuelles de résultats (à l'inverse des récentes propositions de Bruxelles : la Commission, comme bien souvent, se réveille un peu tard et se lève du mauvais pied...). Il s'agit d'une mesure évidente, réclamée depuis longtemps par nombre d'investisseurs à long terme (et, plus récemment, par les grandes entreprises françaises réunies au sein de l'Association française des entreprises privées), soucieux d'alléger la pression sur les « managements » et désireux de les refocaliser sur la stratégie et la gestion industrielles, plutôt que sur les performances financières à court terme. Cette mesure, d'une simplicité d'application quasi biblique, pourrait et devrait constituer, n'en déplaise à la Commission, un premier effet d'annonce de l'émergence d'un gouvernement d'entreprise à l'européenne. Il est clair que cet assouplissement pour les directions d'entreprise devrait s'accompagner de la généralisation du nouveau système américain d'engagement formel des dirigeants sur les comptes qui sont publiés, avec les sanctions qui l'accompagnent.

Douzième chantier
Réformer en profondeur les règles comptables

Mesure n° 47 : réfaction progressive du hors-bilan, réintégration dans le champ de consolidation de l'ensemble des filiales des entreprises et redéfinition des provisions pour risques généraux.

Mesure n° 48 : obligation d'amortissement des survaleurs sur dix ans maximum.

Mesure n° 49 : instauration d'un équivalent du ratio Cooke (modulé sectoriellement) pour les entreprises non bancaires et en particulier pour les sociétés de gestion de capitaux et pour les compagnies d'assurance.

Mesure n° 50 : comptabilisation des *stock-options* en charges annuelles lorsqu'elles portent sur des actions rachetées par l'entreprise.

Mesure n° 51 : comptabilisation en dette des engagements de retraite pris par les entreprises.

Mesure n° 52 : obligation d'information du comité d'audit de toute opération comptable « complexe » (y compris — et en particulier — pour les montages délocalisés géographiquement).

Mesure n° 53 : abandon de l'obligation de publication des rapports trimestriels de résultats et généralisation de la nouvelle réglementation américaine rendant obligatoire l'engagement formel du président et du directeur financier sur les comptes publiés.

Un gouvernement d'entreprise réhabilité

Commençons par rappeler qu'il n'existe pas *un* modèle de gouvernement d'entreprise, unique et indivisible, applicable toujours et partout. À chaque période et à chaque pays, ses plaisirs dans ce domaine. Notre préoccupation première consiste donc à définir un modèle de gouvernement d'entreprise européen doté, sur certains points, de spécificités nationales. Ce qui n'empêche pas que des règles générales de gouvernement d'entreprise, adaptables dans chaque pays, puissent être énoncées.

Dans ce cadre, il convient de reconnaître que, en matière de gouvernance des entreprises, le phénomène majeur de la seconde moitié du XXe siècle réside dans l'institutionnalisation de l'actionnariat individuel, par opposition au modèle antérieur d'un capitalisme largement familial ou sous influence des groupes bancaires ou financiers, tandis que l'actionnariat individuel pesait de peu de poids. Aujourd'hui, la grande majorité du capital des plus grandes entreprises mondiales est détenue par le grand public, soit directement, soit, le plus souvent, par l'intermédiaire d'investisseurs institutionnels en charge de la gestion de l'épargne et de la retraite. Aux États-Unis par exemple, les fonds de pension et les *unit trusts* (équivalents des SICAV françaises) détiennent ainsi à eux seuls 46 % du capital de l'ensemble des entreprises cotées. Certes, survit encore un capitalisme familial influent, dont les plus beaux fleurons sont Bill Gates chez Microsoft et Mme Bettencourt chez L'Oréal, ou des trusts diversifiés comme en Europe continentale (CGIP pour la famille de Wendel ou l'IFIL pour les Agnelli), mais le rapport de forces penche clairement en faveur des institutionnels.

Or ces derniers ont, jusqu'à ce jour, peu exercé leurs pouvoirs d'actionnaire, théorisant le plus souvent leur passivité comme la meilleure protection de leur indépendance de jugement et de leur liberté de gérant. « Take the money and run » demeure encore aujourd'hui la règle, le contrôle et la sanction du « management » des entreprises consistant à vendre les titres de celles-ci, plutôt qu'à voter en assemblée générale. Cela a permis que perdure un simulacre de démocratie dans les structures de gouvernement des entreprises, un bloc minoritaire, familial ou financier, voire le « management » autoproclamé, se maintenant en place grâce à la passivité des autres catégories d'actionnaires. En France, par exemple, s'est ainsi généralisée la pratique des pouvoirs en blanc, collectés (contre rémunération d'ailleurs) par les banquiers dépositaires des portefeuilles d'institutionnels grâce à la complaisance de ces derniers (entretenue par le fait que la plupart des grandes sociétés de gestion sont, en fait, contrôlées par ces mêmes banquiers). Ces pouvoirs étaient ensuite confiés au « management » en place, permettant une autoreproduction sans heurt de l'élite managériale.

Le modèle idéal de gouvernement d'entreprise consisterait, dans ces conditions, à travers le rétablissement d'une véritable démocratie actionnariale, à faire en sorte que toutes les catégories d'actionnaires jouent pleinement leur rôle, et au premier chef les investisseurs institutionnels qui sont des professionnels avertis, expérimentés et soumis eux-mêmes, en principe, au contrôle de leurs souscripteurs ou clients.

C'est dans ce cadre intermédié que doit, selon nous, se poser le problème de l'association capital/travail ou encore du pouvoir donné aux *salariés* et autres *stakeholders* de l'entreprise. Car la participation directe de représentants des salariés au « management », du type de la cogestion à l'allemande, est lourde de conflits potentiels : ou bien ces représentants se soumettent à la logique patronale et leur rôle se cantonne à grappiller un partage un peu plus favorable de la valeur ajoutée (et ils ne sont pas sûrs d'être gagnants par rapport aux vieux instruments de la lutte syndicale), ou bien ils tentent d'imposer une logique différente, en termes de priorités d'investissement, de rémunération, d'organisation du travail ou encore de recrutements, de formation et de licenciements, avec le risque de sortie du marché concurrentiel, comme l'a parfaitement montré, aux États-Unis, l'exemple de United Airlines.

Notre position, sur ce point, est très tranchée. Pas de mélange des genres. Il y a déjà suffisamment de conflits d'intérêts comme cela. Les droits des salariés sont bien plus essentiels et devraient être bien plus imprescriptibles qu'un semblant de participation aux décisions de gestion de l'entreprise. Ces droits des salariés sont de trois ordres. D'abord le respect. Les salariés ne peuvent plus constituer seulement une « variable d'ajustement » destinée à maximiser le rendement de l'actionnaire. La solution à ce problème, qui sort du cadre de ce livre, relève à la fois d'une intervention de l'État lorsque les droits minimaux des salariés ne sont pas respectés et aussi (ne la rangeons pas trop vite dans le tiroir aux accessoires de l'Histoire) de la… lutte des classes.

Le deuxième droit des salariés est celui de la transparence. De ce point de vue, de nombreuses réformes sont à mettre en œuvre pour améliorer la situation actuelle. Ces règles doivent être harmonisées au niveau européen. Compte tenu de la désyndicalisation, qu'il faut par ailleurs regretter, les syndicats ne doivent pas être les seuls destinataires de l'information touchant aux droits et aux intérêts des salariés. De même, de nouvelles instances doivent être instaurées pour tenir compte de la mondialisation et du mouvement général d'externalisation. Voilà de beaux chantiers de réflexion en perspective.

Troisième droit des salariés, plus directement lié à notre sujet : la participation aux comités mis en place par les entreprises dans la perspective d'une meilleure gouvernance. Les salariés doivent participer ou au moins être représentés au comité financier, au comité d'audit, ainsi que, bien évidemment, au comité de nominations. Notre conviction est que les modalités de cette représentation doivent être laissées au libre arbitre de l'entreprise et ne doivent pas impérativement passer par le truchement syndical. Là aussi, vaste débat.

Mais revenons aux « *zinzins* ». L'implication croissante des investisseurs institutionnels dans le gouvernement d'entreprise ne proviendra pas d'une quelconque réglementation mais d'une prise de conscience par ces derniers que leur passivité est la principale cause de toutes les dérives récentes. On constate aux États-Unis et en Angleterre un début de mobilisation de ces professionnels, sous le feu roulant des critiques de leurs souscripteurs, relayés par les médias et certains politiciens. Mais il est à craindre qu'une remontée éventuelle des indices boursiers ne balaie ce vent moralisateur et que l'appât du gain redevienne la seule norme.

Plus encourageant semble bien être le changement d'attitude perceptible chez les gérants de fonds de pension anglo-saxons, sous la pression de leurs mandants au sein des entreprises elles-mêmes (syndicats et autres représentants des salariés). Des réflexions sont ainsi en cours et pourraient déboucher sur une modification de l'attitude des « zinzins » en matière de *corporate governance* et en particulier en matière de participation aux assemblées générales. Le Corporate Governance Forum, créé en 1994, réunit quelques-uns des plus importants gérants institutionnels britanniques (dont Morley, Hermes et Standard Life) et a annoncé en 2002 son intention de rédiger un code de rémunération des dirigeants des entreprises dans lesquelles ils investissent. Quant aux fonds de pension de l'État de Californie (le fameux Calpers), de New York et de Caroline du Nord, ils ont commencé à discuter de la possibilité de bannir tout investissement dans les entreprises américaines ayant recours à des paradis fiscaux... Tous les espoirs sont ainsi désormais permis.

En France, en revanche, on peut être relativement pessimiste, les investisseurs institutionnels français demeurant, sous l'influence des banques, aux ordres des entreprises. Rappelons, en effet, que les deux grands vecteurs institutionnels d'investissement en actions, à savoir les SICAV et l'assurance vie, sont, dans leur grande majorité, contrôlés par des filiales de banques. Cela ne facilite certes pas l'exercice. Mais cela ne doit pas, bien au contraire, nous décourager de proposer des réformes.

La principale protection en matière de gouvernement d'entreprise sera apportée par l'*indépendance (mais la vraie) des administrateurs*, chargés par la loi de nommer et de contrôler les dirigeants. Pour assurer leur indépendance, la meilleure solution consiste à organiser la sélection des administrateurs par un *comité de nominations*, totalement neutre et élu en assemblée générale par l'ensemble des actionnaires. Ce comité est probablement celui qui a été le moins fréquemment mis en place et celui, à nos yeux, dont le statut doit impérativement être le plus revalorisé.

C'est dans son cadre que l'implication des investisseurs institutionnels peut se révéler déterminante. Ceux-ci doivent en effet, plus que tous les autres actionnaires, s'impliquer dans le comité de nominations, non seulement par leur présence, à due concurrence de leur poids dans l'actionnariat des entreprises concernées mais aussi par leur vote. Sélectionner les administrateurs qui, eux-mêmes, nommeront les futurs « managers » relève directement de leur responsabilité bien comprise d'actionnaires, sans les entraîner pour autant dans d'insolubles conflits d'intérêts provoqués par leur participation directe aux conseils d'administration.

Dans cette nouvelle architecture, le comité de nominations devient un organe essentiel du gouvernement d'entreprise. Constitué de représentants des principales catégories d'actionnaires (groupes familiaux, investisseurs institutionnels, groupes financiers, associations de petits porteurs…) en respectant au maximum leurs poids relatifs, ce comité est nommé par l'assemblée générale et renouvelé régulièrement pour refléter l'évolution de l'actionnariat. Sa mission consiste à proposer à cette même assemblée générale les administrateurs, dont une majorité d'indépendants, qui, une fois élus, nommeront les dirigeants de l'entreprise. Par ailleurs, le comité de nominations sélectionne également les membres indépendants des autres comités qui entourent et contrôlent le management : comité financier, d'audit, de rémunération…

Venons-en donc à ces fameux « *administrateurs indépendants* », acteurs essentiels certes, mais dont on ne peut attendre de manière exclusive (comme semblent le penser certains) le salut éternel du capitalisme de marché. Commençons par reconnaître que leur présence au conseil, y compris majoritaire, n'apporte pas une garantie absolue (rappelons qu'Enron constituait un modèle dans ce domaine). Soyons, par ailleurs, prudents, le passé nous y incite : comme le note avec humour Michel David Weil, patron de Lazard, plus on est indépendant, moins on connaît l'entreprise et donc plus on est… incompétent ! La présence d'administrateurs indépendants au conseil reste néanmoins, dès lors qu'elle ne correspond pas à une stratégie purement formelle, un objectif de *second best* qui doit être atteint. La revendication d'une majorité d'administrateurs indépendants constitue, en effet, la seule garantie contre la prise de pouvoir au sein du conseil par un bloc d'actionnaires, quel qu'il soit.

Pour s'assurer du caractère réellement indépendant des administrateurs et autres membres de comités spécialisés, quelques lignes de conduite s'imposent : l'indépendance suppose l'absence de toute relation personnelle, familiale, financière ou professionnelle avec l'entreprise, et ce pendant une durée d'au moins cinq ans avant leur nomination. S'ajoutent à cette règle fondamentale une compétence professionnelle suffisante (qui, objectivement, n'est pas facile à mesurer) pour exercer un véritable contrôle et éviter la complaisance, une durée de mandat limitée et, évidemment, le non-cumul des mandats. Rien d'original ici. Contentons-nous simplement, après avoir dit ce que nous faisons, de faire ce que nous disons…

Le conseil d'administration composé d'une majorité d'administrateurs indépendants doit alors se prononcer sur la *structure du « management »*, qui peut varier selon les traditions nationales, mais devrait en tout état de cause respecter une forme marquée de dualisme : *chairman* et *chief executive officer* (CEO) chez les Anglo-Saxons, ou président et directeur général chez les Français. L'important réside dans la séparation entre la fonction de représentation et de contrôle et celle de direction opérationnelle. On peut regretter que cette dichotomie ne soit pas plus marquée en France et que le schéma directoire/conseil de surveillance ne soit pas plus couramment adopté. En revanche, les règles modernes de gouvernement d'entreprise devraient décourager les structures de commandites et autres formes opaques de direction, qui permettent à un bloc d'actionnaires — le plus souvent minoritaire — de s'arroger un pouvoir absolu.

Le problème des *stock-options* n'est pas que comptable. C'est aussi et surtout un problème de gouvernement d'entreprise. Certes, les *stock-options* ne doivent pas être désignées comme victime expiatoire. Ce serait trop facile. Présenter cette forme d'intéressement aux résultats comme cause de tous les maux pourrait illusoirement donner l'impression à la société d'« en bas » (pour reprendre une expression à la mode) que, enfin, on sanctionne le capitalisme d'« en haut ». Il n'en demeure pas moins que des abus ont été commis. Ce qu'il y a de choquant ne tient pas tant au fait que les cadres dirigeants soient intéressés aux résultats de l'entreprise qu'ils pilotent, mais que, dans bien des cas, cet intéressement soit rémunérateur quelles que soient les performances de l'entreprise considérée.

Quand Jean-Marie Messier (encore lui) a essayé de faire voter des plans de *stock-options* d'abord basés sur l'Ebitda (c'est-à-dire le résultat intégrant la contribution positive de la croissance externe, mais pas le coût de cette dernière), puis sur le désendettement de son groupe, on voit bien que l'objectif était de permettre l'enrichissement du susdit même en période de « vaches maigres » pour Vivendi Universal. De même, il est choquant que Microsoft, bénéficiant de 22 milliards de dollars de déductions fiscales grâce à ses programmes de *stock-options* (considérés comme une dépense pour l'entreprise), ait été totalement exonéré de *federal income tax* au titre des exercices 2000 et 2001. Ces dérives ne doivent toutefois pas faire oublier l'essentiel. Sur la période 1995-2000, comme l'a rappelé Alan Greenspan, le patron de la Fed, le système des *stock-options* a permis, du fait des économies salariales ainsi réalisées, d'améliorer de trois points par an les résultats des entreprises américaines.

Plus important encore, le principe même de l'intéressement donne à ceux qui en bénéficient le sentiment immédiat de participer directement aux fruits de leurs propres efforts.

Cela posé, le cadre réglementaire des *stock-options* doit être rapidement réformé afin de recréer une véritable et durable *affectio societatis* entre les dirigeants et leur entreprise, l'affection étant le meilleur rempart contre les trahisons (si nombreuses ces dernières années). S'il est un domaine dans lequel il est indispensable d'amender la situation actuelle, c'est bien celui-là. Première mesure, la durée d'exercice des *stock-options* doit être allongée. Cinq ans paraissent un strict minimum ; et selon le cycle ou le métier considéré, une durée de dix ans se rapprocherait de l'optimum.

Deuxième mesure, la levée des *stock-options* par leurs bénéficiaires ne doit en aucun cas être financée par l'entreprise elle-même ou par des prêts bancaires qu'elle cautionne. En France, les conventions dites « article 101 » (qui réglemente les accords particuliers entre l'entreprise et ses actionnaires ou dirigeants) permettraient, si elles étaient respectées, d'instaurer un minimum de transparence dans ce domaine ; mais ces conventions sont, dans bien des cas, ignorées et la transparence ne nous paraît pas suffire en la matière. Sur le fond, les prêts personnels aux dirigeants de grands groupes constituent, en effet, un véritable détournement d'objet social, car il n'entre pas dans les missions des entreprises de faire le métier de banquier. Il est d'ailleurs réconfortant que la loi américaine SOA interdise désormais aux sociétés cotées de consentir des prêts, de quelque nature qu'ils soient, à leurs dirigeants (reste à l'élargir à l'ensemble des entreprises et surtout au reste du monde).

Troisième mesure, qui soulève un brûlant débat : l'interdiction des *stock-options* pour les dirigeants dits « sensibles » des entreprises, pour l'essentiel le président, le directeur général et le directeur financier. Car ces derniers sont dans une position à la fois de détention d'informations privilégiées et surtout de prise de décisions financières risquant d'obéir à leurs intérêts personnels plutôt qu'à ceux de l'entreprise. Afin de préserver leur motivation, condition *sine qua non* pour assurer le dynamisme de l'entreprise, ces dirigeants rémunérés sous forme de primes par l'intermédiaire du comité de rémunérations devraient, bien sûr, pouvoir continuer à détenir des actions en propre (dirigeants fondateurs) ou à en acquérir sur leurs fonds propres. Toutefois, les obligations d'information sur leurs opérations d'achat/vente devraient être considérablement renforcées dans les pays anglo-saxons, voire instaurées dans le cas français, où il est simplement imposé aux membres du conseil d'administration de communiquer le nombre de titres détenus en propre. Enfin, toute opération d'achat/vente de titres par des dirigeants sensibles et leur famille devrait être immédiatement rendue publique.

Le renforcement de l'indépendance des *comités spécialisés* (comités d'audit, financier, des rémunérations) passe, lui aussi, par la désignation d'une majorité de membres issus du collège des administrateurs indépendants, et par une majorité de réunions tenues en l'absence du « management ». Cela n'exclut pas, bien évidemment, l'association de ce dernier à la réflexion de ces comités ; et, surtout, cela n'a de sens que si leur travail n'est en rien perçu comme un élément de « court-circuitage » de l'indispensable autorité de ce « management ».

Le renforcement du rôle des comités spécialisés doit par ailleurs s'accompagner d'un élargissement de leurs attributions et surtout des moyens mis à leur disposition. On en revient toujours aux problèmes du respect de l'esprit et des moyens mis en œuvre. Sur le principe du *memorandum of understanding*, les comités spécialisés devraient ainsi avoir accès à l'ensemble des informations qu'ils jugent nécessaires. Cela peut paraître une règle minimaliste. Raison de plus pour l'appliquer. Le comité d'audit, quant à lui, joue un rôle à part : c'est sur lui que repose la fiabilité de l'information sur laquelle le conseil se fonde pour prendre ses décisions. Le choix de ses membres revêt, de ce fait, une importance particulière. Leur formation permanente doit être assurée et leur immersion à espace régulier dans l'entreprise doit être organisée et rendue opérationnelle et pas simplement cosmétique.

Parallèlement aux comités spécialisés, la fonction de *compliance officer** doit être enracinée dans l'entreprise. Toutes les entreprises ont besoin, plus que jamais aujourd'hui, de déontologues et, d'une manière plus générale, de « responsables des risques ». Les institutions financières s'y sont mises les premières, mais beaucoup d'entre elles ont encore de gros progrès à faire dans ce domaine. Quant aux entreprises des autres secteurs, on est encore, c'est le moins que l'on puisse dire, très loin de l'optimum. Faute de volonté politique de la part des dirigeants, certes, mais aussi, tout bêtement, faute de formation adaptée. Pour un pays comme la France, former, en cinq ans, mille « directeurs des risques » nous semble un objectif ambitieux mais indispensable, et donc parfaitement réaliste.

Il est une dernière mesure relevant du gouvernement d'entreprise au sens strict, qui peut paraître de détail, mais qui détermine l'effectivité et la légitimité de la décision de ce qui constitue l'instance suprême de décision au sein de l'entreprise : l'interdiction des *pouvoirs en blanc* en assemblée générale des actionnaires et l'instauration des garanties au libre exercice de leur droit de vote par les gestionnaires de portefeuilles (hors de toute influence de leur employeur notamment). Véritable mesure de salut public (que François Bloch-Lainé recommandait déjà dans son rapport) pour redonner aux assemblées générales tout leur poids et tout leur sens, elle est extrêmement simple à mettre en place et son « effet de levier » est maximal. La démocratie, c'est bien ; encore faut-il qu'elle soit effective.

Le gouvernement d'entreprise a pour objectif la maximisation du profit à court terme, mais ne s'y limite pas. Il devient aujourd'hui banal d'assigner à l'entreprise une responsabilité sociale et environnementale. Le vieil adage « The business of business is business », actualisé lors de la bulle avec le fameux impératif de « création de valeur pour l'actionnaire », apparaît de plus en plus battu en brèche, non seulement par les « gauchistes » des syndicats et autres ONG, mais aussi par des organismes aussi sérieux et consensuels que la Banque mondiale ou l'ONU. Cette dernière institution a pris, en juillet 1999, l'initiative « Global Compact », véritable charte d'engagement des multinationales en faveur du « développement durable ». En 2002, plus de mille entreprises du monde entier avaient ainsi souscrit à neuf engagements issus de la Déclaration universelle des droits de l'homme et relatifs au respect des droits humains, du travail et de l'environnement.

Peut-on donc imaginer de nouvelles formes de régulation des entreprises fondées sur la *responsabilité sociale des entreprises* (RSE) ? Et, en dehors des réactions de la société civile, peut-on promouvoir une forme ou une autre de sanction par les investisseurs socialement responsables (ISR) dès lors qu'une entreprise ne respecte pas des règles minimales dans ce domaine ? Il ne peut en effet suffire de demander aux entreprises d'adhérer aux critères d'ISR ou de publier des annexes à leur rapport annuel sur le développement durable, ce qu'elles font ou s'apprêtent à faire en masse sous la pression de l'opinion publique sensibilisée par les ONG et les multiples conférences internationales. Le vrai problème aujourd'hui se situe à deux niveaux : comment contrôler la masse d'informations en provenance des entreprises et quel type de sanctions mettre en place ?

La RSE s'évalue dans les divers types de relations de l'entreprise avec son milieu : avec les salariés, avec la sous-traitance, avec l'environnement, avec la société civile et avec les actionnaires. Les sociétés publient une masse croissante d'informations sur ces différents sujets, qui pèchent toutefois, dans la plupart des cas, à deux niveaux : absence d'homogénéité des procédures et du *reporting*, et surtout manque de contrôles externes. Cette dernière question est complexe, car toute implication des partenaires externes (syndicats, ONG, collectivités locales, associations d'actionnaires, etc.) dans l'évaluation risque de leur faire perdre en objectivité et en capacité de contestation. Quant aux agences d'évaluation spécialisées (du type cabinets d'audit ou agences « éthiques »), elles utilisent le plus souvent des démarches traditionnelles décalquées sur l'audit ou l'analyse financière, qui se fondent sur des comparaisons et des jugements qualitatifs, et débouchent donc sur des conclusions assez consensuelles. Ces agences n'ont ainsi pas fait la preuve jusqu'à maintenant de leur capacité à intégrer la dimension contestataire inhérente au sujet (nécessaire remise en cause des modes de raisonnement traditionnels, considérant la main-d'œuvre ou l'environnement comme de simples coûts de production).

Le principal obstacle à l'émergence de la RSE comme mode de régulation des entreprises se situe toutefois au niveau des sanctions : autant le non-respect des règles traditionnelles d'organisation entrepreneuriale peut être sanctionné par la baisse des performances financières, voire par des interdictions légales ou des poursuites individuelles, autant les mauvais comportements en matière sociétale et environnementale ne trouvent le plus souvent qu'une sanction en termes d'image, fort relative au demeurant si l'on en juge par l'exemple de TotalFinaElf, première entreprise française et quinzième mondiale : cette firme traîne, en effet, trois énormes « casseroles » en terme de RSE, à savoir ses investissements en Birmanie (dénoncés par les organisations de défense des droits de l'homme), la marée noire de l'*Erika* et l'explosion de l'usine AZF de Toulouse. Et, malgré cela, le groupe bénéficie plutôt d'une bonne image auprès du grand public et apparaît très bien classé par la communauté financière qui n'a d'yeux que pour ses performances boursières. Son image à peine écornée par ces scandales, TotalFinaElf en a bien peu ressenti les conséquences financières : la marée noire de l'*Erika* lui a coûté quelques dizaines de millions d'euros, l'essentiel du coût du nettoyage étant supporté par les compagnies d'assurance ; quant à l'explosion de

Toulouse, son coût final pour le groupe doit être du même ordre de grandeur, soit des gouttes d'eau dans l'océan des profits annuels de Total (environ 13 milliards d'euros en 2001)...

On pourrait, en matière de RSE, imaginer une sanction *via* les marchés financiers et les épargnants, à travers l'investissement socialement responsable (ISR), fortement développé dans les pays anglo-saxons et d'Europe du Nord, mais encore balbutiant en France. En effet, l'objectif final de l'ISR consiste à faire pression sur les entreprises cotées en Bourse afin qu'elles modifient leurs comportements. Et quelques succès retentissants ont été obtenus ces dernières années dans ce domaine : Nike et la normalisation de ses relations avec ses sous-traitants d'Asie du Sud-Est ou encore Ikea et son refus du travail des enfants ou de l'utilisation de bois exotiques. L'essor des fonds d'investissement socialement responsables (14 % des encours institutionnels aux États-Unis, mais seulement 0,5 % en France) pourrait, dans ce domaine, permettre à moyen terme de construire de véritables forces de proposition, présentant des résolutions en assemblée générale ou des candidats aux comités de nominations des groupes les plus exposés. Quel meilleur moyen pour infléchir durablement la stratégie des multinationales !

Une autre forme de sanction pourrait être trouvée au niveau de la rémunération des « top dirigeants » de certains grands groupes. Quelle meilleure preuve de l'élargissement des objectifs des grandes firmes et de leurs patrons que d'indexer leur salaire non plus seulement sur le respect de critères financiers (croissance des résultats, rentabilité des capitaux investis, bénéfice net par action, etc.), mais aussi, voire surtout, sur des critères d'ISR. On pourrait ainsi imaginer une batterie de critères à respecter ou à améliorer par ces nouveaux patrons « socialement responsables » :

— création d'emplois, formation et reconversion éventuelle du personnel, féminisation de l'encadrement, emploi d'handicapés, etc. ;

— refus du travail des enfants, du travail forcé et encouragements donnés aux syndicats et autres structures de représentation des salariés chez les sous-traitants, avec un contrôle assuré par des organismes indépendants, etc. ;

— respect des droits de l'homme dans l'ensemble des pays où le groupe est implanté industriellement et commercialement ;

— progrès dans la protection de l'environnement, non seulement au travers des implantations du groupe, mais aussi par l'intermédiaire des sous-traitants (par exemple, les transporteurs) et des fournisseurs, ce qui serait particulièrement utile pour faire évoluer certaines pratiques de la grande distribution.

Sur la base de tels critères, le patron de TotalFinaElf ne mériterait pas beaucoup plus que le SMIC... La généralisation de ce type de motivation patronale aurait l'immense mérite d'inciter les dirigeants d'entreprise à intégrer quotidiennement ces nouvelles préoccupations et à ne pas se contenter d'une annexe plus ou moins fournie au rapport annuel d'activité.

Treizième chantier

Réhabiliter des règles opérationnelles de gouvernement d'entreprise

Mesure n° 54 : création d'un comité de nominations neutre, élu en assemblée générale et reflétant le poids respectif des différentes catégories d'actionnaires.

Mesure n° 55 : réforme en profondeur du statut des administrateurs indépendants et des conditions d'exercice de cette fonction.

Mesure n° 56 : respect absolu de la dichotomie entre présidence et direction générale.

Mesure n° 57 : allongement de la durée d'exercice des *stock-options*, interdiction de leur financement par l'entreprise et limitation de leur octroi aux dirigeants sensibles.

Mesure n° 58 : renforcement de l'indépendance des comités spécialisés (poids des administrateurs indépendants, tenue de réunions en l'absence du « management »...) et réhabilitation (y compris par le lancement de programmes de formation) de la fonction de *compliance officer*.

Mesure n° 59 : interdiction des pouvoirs en blanc en assemblée générale.

Mesure n° 60 : encouragement en faveur de la RSE (responsabilité sociale des entreprises) et définition d'incitations permettant d'atteindre cet objectif.

Conclusion

« Le sort de l'humanité en général sera celui qu'elle méritera. »

Albert EINSTEIN

Merci Kenneth (Lay). Le patron d'Enron a peut-être, sans le savoir et, surtout, sans le vouloir, sauvé le capitalisme. Grâce à lui, ceux qui s'étaient laissés hypnotiser par l'insoutenable regard des marchés se sont peut-être réveillés. Grâce à lui, les investisseurs ont appris non seulement que « les arbres ne montaient pas jusqu'au ciel », mais que, en gros depuis la fin des années quatre-vingt, on leur mentait. Grâce à lui, les professions financières et parafinancières se sont rendu compte que, au Monopoly mondial, entre la case « Rue de Belleville » et la case « Champs-Élysées », il y avait la case « Prison ». Et que, par ailleurs, il était possible de faire son métier, qui revient à participer au financement de l'économie, sans se donner comme unique objectif de tirer profit (au sens propre comme au sens figuré) de la moindre anomalie de marché ou de la moindre faille dans les systèmes juridiques ou comptables. Grâce à lui, enfin, les autorités de régulation ont pris conscience de manière plus aiguë de leurs limites et, en même temps, de leur véritable mission.

Ce livre a pour unique ambition de tirer, jusque dans leurs moindres détails (le lecteur nous pardonnera les détours techniques qui nous sont apparus indispensables à l'établissement du diagnostic), les conséquences, bien au-delà d'Enron, des dysfonctionnements du gouvernement d'entreprise en cette aube du XXIe siècle. Nos propositions ne sont pas toutes originales. Leur originalité tient, nous semble-t-il, à leur cohérence collective. Au risque de nous répéter, notre conviction est que notre programme de réformes est « à prendre ou à laisser ». En l'état. Tout effort de rapetassage est voué à l'échec. Le tissu microéconomique est trop mité. Soit on le restructure en profondeur, soit il faudra se résoudre à en changer. Qu'on en juge par ce scénario d'économie-fiction.

Nous sommes en 2010 (c'est-à-dire demain). Pour le plus grand malheur de la planète, la Bourse est repartie à la hausse début 2003, sur la base d'une croissance économique tirée par une consommation américaine plus forte que prévue et un début de reprise en Europe. Un CAC 40 à 4 000 en mars, à 5 000 en novembre et à 6 000 fin 2004. Repartie comme en 14. Mais rappelons que 1914 a fait, au détour des Années folles, le lit de 1939. Non seulement Enron n'a servi à rien, mais cela a donné des idées à ceux qui n'avaient pas pleinement profité de la « partouze financière » précédente. Ce fut le cas des PME qui ont ainsi découvert les joies du hors-bilan, de la titrisation et autres déconsolidations, s'offrant au passage une bonne « ventrée » d'endettement. Cela fut aussi le cas des pays émergents qui, en privatisant à tous crins, ont abandonné tout contrôle sur leur industrie nationale, et donc sur leur devenir économique. En Europe, le fait d'avoir « zappé » la crise de 2002 a conduit à un développement accéléré des marchés financiers. Mais, au jeu des M & A transfrontières, ce ne sont pas les entreprises européennes qui l'ont emporté. Pour ne prendre qu'un exemple, la moitié du système bancaire européen est désormais passé sous contrôle américain. Rien de moins.

Au plan microéconomique, le constat apparaît encore plus affligeant. Les autorités de régulation étant complètement dépassées, il n'est plus resté qu'une arme : la prison. La Santé a ainsi été réaménagée, le « couloir » des VIP se révélant par trop restreint pour abriter tous les P-DG français mis en examen, dont certains ont eu le malheur d'écouter les conseils d'Ernst and Morgan. Ah oui, nous allions oublier : non seulement il n'existe plus qu'un seul cabinet d'audit dans le monde, mais celui-ci, « sous réserve du respect de la séparation des métiers », a été autorisé à racheter une des plus grandes banques d'affaires américaines.

Le cauchemar (qui n'est, nous y insistons, que le prolongement pendant une petite dizaine d'années des *trends* constatés au cours des années quatre-vingt et quatre-vingt-dix) ne s'arrête pas là. Les zinzins ont évidemment crû et embelli. Ils contrôlent désormais 60 % de la capitalisation boursière des pays du G8. Toujours aussi moutonniers et toujours aussi peu responsables, ils se contentent d'apporter gentiment leurs titres aux OPA qui se succèdent, s'étant entre-temps dotés d'un département juridique chargé de les aider à passer au travers des tentatives, de plus en plus nombreuses, de mise en cause de leur responsabilité.

On pourrait continuer ainsi longtemps en se contentant de dévider la pelote des dysfonctionnements de régulation non seulement possibles mais, pour la plupart d'entre eux, vraisemblables. On finira par le « blanchiment » et son compère le « noircissement » (c'est-à-dire la transformation d'argent parfaitement « propre » en moyen de financement du terrorisme) qui, à force de non-coopération juridique et fiscale internationale, est devenu la première industrie mondiale (5 000 milliards de dollars de chiffre d'affaires annuel), justifiant la multiplication des *vice funds* investissant exclusivement dans le tabac, l'alcool et les casinos (dont le premier, rappelons-le, a été créé en août 2002).

Faut-il, dès lors, désespérer et se recroqueviller sur l'extrême pointe de la Bretagne et le livret A ? Bien sûr que non, sinon ce livre n'aurait aucun sens. Car il existe un scénario rose qui paraît aussi réaliste que le scénario noir, dès lors que les mesures de « salut public » que nous préconisons, et d'autres peut-être, sont prises à temps. Il est vrai que ce scénario est bien moins « glamour » que l'autre, car les choses s'y passent normalement. Les entreprises gagnent normalement de l'argent. Les banques financent normalement les entreprises. Les salariés participent normalement à la vie de leur entreprise. Et, pire, les actionnaires sont normalement rémunérés pour leur prise de risque. Alors que reste-t-il pour rêver un peu ? Il reste ce petit supplément d'âme qui donne l'impression que nous ne sommes pas sur terre exclusivement pour gagner de l'argent. Au risque de nous répéter, la « création de valeur », à laquelle on ne peut que souscrire, n'a de sens, à nos yeux, que si elle s'accompagne de la création de… valeurs.

Premier exemple ? Les salariés cessent d'être la variable d'ajustement qui permet de maximiser l'Ebitda. Sans mélanger les rôles entre capitalistes et salariés, qui sont, par nature, irréconciliables, pourquoi ne pas imaginer que, à l'horizon 2010, la majorité des entreprises cotées non seulement aient un administrateur salarié, mais associent les représentants les plus légitimes de ce facteur de production (ce qui ne veut pas nécessairement dire les syndicats) à la majorité des comités mis en place pour assurer le meilleur gouvernement d'entreprise possible ?

Un autre exemple ? Au-delà du strict objectif de maximisation des profits, d'autres objectifs existent qui ne sont pas, tant s'en faut, contradictoires. Alors que le sommet de Johannesburg sur le développement durable en août 2002, faute de présence américaine et d'implication de la plupart des grands groupes mondiaux (hormis ceux qui ont tellement pollué dans le passé qu'ils se sentent obligés de faire un peu de zèle), ne peut en aucun cas être considéré comme une réussite éclatante, pourquoi ne pas imaginer à l'horizon 2010 que la majorité des entreprises, cotées ou non, prennent des engagements réalistes en matière de développement durable et... les tiennent ?

Élargissons le cadre de prospective : pourquoi ne pas imaginer que les « zinzins », nouveaux démiurges de l'économie mondiale, prennent enfin leurs responsabilités ? Qu'ils se servent de leur pouvoir pour véritablement peser sur les décisions des entreprises ? Qu'ils contribuent non pas à raccourcir l'horizon temporel des industriels, mais, au contraire, à le rallonger ? Qu'ils soient enfin jugés sur ce qu'ils font, en matière de rendement instantané bien sûr, mais aussi en matière de responsabilité sociétale ? Et, quand cela est nécessaire, qu'ils soient sanctionnés ?

Un dernier exemple ? Est-ce trop demander que l'Europe, toute honte bue après le vote de la loi SOA aux États-Unis, existe enfin ? Que, au-delà, de la stricte dimension monétaire, l'Europe s'affirme comme ce qu'elle est : un participant influent et, sur certains points, incontournable de la nouvelle gouvernance mondiale. L'Europe peut acquérir ce statut au niveau de la gouvernance d'entreprise. Son modèle, s'il se réforme, mérite d'être imité (en gardant à chaque pays sa spécificité). L'Europe, lumière des Nations en matière de gouvernement d'entreprise ? Juste retour de l'Histoire. Mais surtout, pour l'Europe, moyen de peser par ce moyen sur tous les autres claviers de la gouvernance mondiale.

S'agit-il d'un rêve ? Non, c'est aujourd'hui que nous rêvons. Réveillons-nous. Vite.

Glossaire

Agence de *rating* (ou de notation). — Sociétés d'études indépendantes qui évaluent la qualité de crédit d'une entreprise (sa capacité à rembourser), et la diffusent sous forme d'une « note » (de la meilleure, AAA, à la pire, C–), laquelle a un impact direct sur le coût des emprunts souscrits par cette entreprise. Les deux principales agences mondiales sont américaines : Standard & Poor's et Moody's.

Appels de marges. — Technique boursière permettant aux organismes de marché et aux intermédiaires de prendre des garanties sur certains engagements de leurs clients.

Arthur Andersen (voir aussi *Big five*). — Principale victime du scandale Enron*, le réseau de sociétés d'audit et de conseil Arthur Andersen contrôlait en 2001 les comptes de plus de 2 300 entreprises dans le monde et employait près de 85 000 experts-comptables et consultants. Au printemps 2002, il a été dépecé et ses filiales ont été reprises par ses quatre grands concurrents, désormais surnommées les *fat fours*.

Audit. — Dans le monde financier, ce terme désigne l'activité de révision et d'évaluation des documents comptables et financiers de l'entreprise.

Back office. — Services administratifs et comptables des banques et *brokers** qui assurent le dépouillement, le règlement-livraison et la conservation des opérations bancaires et de valeurs mobilières (actions et obligations, produits dérivés*...).

Benchmarking. — Dans le domaine financier, pratique de plus en plus utilisée de comparaison entre les performances d'un portefeuille d'investissements et les indices boursiers de référence.

Big five. — Avant la faillite d'Arthur Andersen en 2002, les cinq grands cabinets d'audit internationaux (outre A. A., PricewaterhouseCoopers, Ernst & Young, KPMG et Deloitte Touche Tohmatsu) se partageaient le commissariat aux comptes de 80 % des grandes entreprises internationales. Par ailleurs, trois d'entre eux avaient développé d'importantes activités de conseil, voire de banque d'affaires.

***Big three* (ou MGM).** — Merrill Lynch, Goldman Sachs et Morgan Stanley Dean Witter, trois banques d'affaires américaines traditionnellement en tête des classements mondiaux, notamment pour les fusions-acquisitions, les émissions d'actions et obligations et les transactions boursières. Depuis quelques années, elles sont fortement concurrencées par Salomon Smith Barney, filiale du géant américain Citigroup.

Brokers. — Courtiers en valeurs mobilières (actions et obligations) qui conseillent et exécutent les transactions pour le compte de clients particuliers et/ou institutionnels.

Brokers on line. — Courtiers en valeurs mobilières qui communiquent avec leurs clients *via* Internet.

Bull (ou bear) market. — Marché haussier, symbolisé par le taureau (*bull*), ou baissier, symbolisé par l'ours (*bear*).

***Business model* (ou « modèle économique »).** — Programme de développement à long terme d'une entreprise ou d'un projet, intégrant son environnement, sa recherche, son outil industriel, ses produits, sa capacité financière et son organisation.

Buy side. — Gérants, *traders* et analystes financiers employés par les investisseurs institutionnels.

***Chinese wall* (ou « murailles de Chine »).** — Règles (écrites ou non) destinées à protéger, au sein d'un même établissement financier, l'indépendance et/ou la confidentialité d'un département par rapport à un autre.

Class action. — Aux États-Unis, les *securities class actions* sont des actions collectives en justice d'actionnaires minoritaires contre des entreprises dont ils estiment que les erreurs de gestion ou les informations fausses ou insuffisantes les ont lésés.

COB. — Commission des opérations de Bourse française, chargée du contrôle des émetteurs et des organismes gestionnaires de l'épargne ; courant 2003, elle doit fusionner avec le Conseil des marchés financiers (CMF), organisme chargé de réguler le marché financier, pour créer l'Autorité des marchés financiers (AMF).

Comité d'audit. — Nommé par le conseil d'administration, sa mission consiste à contrôler les procédures, les méthodes et le contenu des comptes de l'entreprise.

Compliance officer. — Voir déontologue*.

***Corporate governance* (ou « gouvernement d'entreprise »).** — Ensemble de règles, généralement non écrites, relatives au fonctionnement des organes dirigeants d'une grande entreprise : composition du conseil d'administration, méthodes de nomination, de rémunération et de contrôle des dirigeants, sélection des membres des comités spécialisés, etc.

Credits default swaps. — Transfert à un tiers (le plus souvent une institution financière, rémunérée en conséquence) du risque de défaillance d'un emprunteur.

Defeasance. — Transfert d'actifs et de dettes d'une entreprise (allégeant d'autant son bilan) dans une structure spécialisée destinée à s'autofinancer.

Délit d'initié. — Pratique illégale, consistant à utiliser des informations dont ne disposent pas les autres acteurs des marchés financiers. Cela peut concerner des responsables d'entreprises ou des opérateurs boursiers (mais aussi, en France depuis la loi du 15 novembre 2001, toute personne qui exploite de telles informations dès lors qu'elle en connaît le caractère privilégié).

Déontologue. — Responsable, normalement rattaché à la direction générale d'une entreprise, en charge du respect des règles de déontologie professionnelles et/ou spécifiques à l'activité.

Dérivés. — Contrats entre investisseurs dont la valeur est « dérivée » du prix de l'actif « sous-jacent », tels qu'obligations, actions, instruments monétaires ou même matières premières. Les principaux « produits dérivés » sont les options et les *warrants*, qui peuvent être cotés en Bourse ou bien échangés de gré à gré. Les options et *warrants* confèrent le droit (et non l'obligation) d'acheter ou de vendre un actif choisi à un prix fixé au départ et pendant une période déterminée, contre paiement d'une prime qui représente la valeur propre de cette option.

Ebitda (*earnings before interests, taxes, depreciation and amortisation*). — Solde intermédiaire de gestion d'origine américaine, désignant le profit brut d'une entreprise, avant intérêts bancaires, amortissement des installations matérielles et immatérielles, provisions éventuelles et impôts sur les bénéfices.

Effet de levier. — Utilisation par une entreprise de la dette bancaire ou obligataire pour financer, avec moins de *cash*, des investissements dont la rentabilité escomptée serait supérieure à la charge financière de la dette.

Enron. — Mise en faillite le 2 décembre 2001, la firme américaine Enron se disait le symbole de la « nouvelle économie », dans laquelle les vieux métiers de production ou de services publics devaient être supplantés par des échanges virtuels (dans son cas, le négoce d'électricité et de produits énergétiques). Truquant ses comptes et masquant son endettement avec l'aide de ses banquiers et du cabinet d'audit Arthur Andersen*, Enron a laissé un « trou » évalué à 60 milliards de dollars.

***Fair value* (juste valeur).** — Réévaluation des postes du bilan (actif et passif) d'une entreprise sur la base de leur valeur de marché instantanée et non plus de leur valeur historique.

Fed (Federal Reserve System). — Banque centrale fédérale des États-Unis.

Fonds de pension. — Dans le système anglo-saxon de retraite par capitalisation, les cotisations retraite des salariés sont versées à un « fonds de pension », dont l'allocation des actifs est en général contrôlée paritairement par la direction et les salariés, tandis que sa gestion peut être déléguée à un tiers, le plus souvent une institution financière. En 2002, ces fonds de pension détenaient la moitié des actions des entreprises américaines cotées, et 20 % à 30 % des actions des entreprises européennes.

Fonds indiciels. — OPCVM* dont la composition du portefeuille d'investissements duplique un indice boursier comme le CAC 40 ou le Standards & Poor's 500*.

FRBG (Fonds de réserve bancaire à caractère général). — Dans le plan comptable français, provision prélevée sur les bénéfices, et non déductible fiscalement, qui permet aux banques de constituer une « cagnotte » en prévision des coups durs.

GAFI (Groupe d'action financière sur le blanchiment de capitaux). — Créé par le G7 en 1989, le GAFI est un organisme intergouvernemental (comportant vingt-huit États membres) dont l'objectif est de promouvoir la lutte contre le blanchiment de capitaux. Le GAFI encourage ses membres à réformer leurs lois et réglementations anti-blanchiment.

***Goodwill* (ou survaleur).** — Dans les comptes consolidés des entreprises, le *goodwill* désigne l'écart entre la valeur d'acquisition d'une société filiale et la valeur comptable de son bilan. Par exemple, les marques commerciales ne sont pas comptabilisées au bilan, mais elles sont souvent valorisées par un acheteur, du fait de leur potentiel de valorisation future.

Gré à gré. — Échanges de valeurs mobilières (actions ou obligations), de marchandises ou de contrats dérivés* ne transitant pas par les Bourses et leurs compensations centralisées (c'est-à-dire leur mécanisme unique de règlement et de livraison des dits titres).

Hedge funds. — Fonds d'investissement spéculatifs, réservés aux investisseurs avertis. Grâce à l'endettement et surtout aux produits dérivés*, ils prennent des engagements sur les marchés boursiers significativement supérieurs au montant des capitaux dont ils assurent la gestion pour le compte de tiers.

Hors bilan. — Les « engagements hors bilan » désignent les droits et obligations d'une entreprise non inscrits à son bilan, tels que cautions, hypothèques, garanties, couvertures, positions sur les marchés dérivés, etc.

IASC (International Accounting Standards Committee). — Fondation privée basée aux États-Unis et au Royaume-Uni, qui s'est donné pour mission de bâtir, de manière indépendante, un ensemble de normes comptables acceptées internationalement. À sa tête, il comprend dix-neuf *trustees* (superviseurs), de culture majoritairement anglo-saxonne.

IPO (*initial public offering*). — Introduction en Bourse aux États-Unis.

Leasing. — Location d'un bien acquis par un établissement financier spécialisé, avec, généralement, une option de rachat par le locataire en fin de contrat.

Liquidité. — La « liquidité » d'un titre se réfère à la possibilité d'en échanger rapidement de grandes quantités (un achat d'actions d'une entreprise cotée en Bourse est ainsi plus « liquide » qu'un prêt à court ou moyen terme auprès d'une banque).

LMBO (*leverage management buy-out*). — Opération financière qui permet le rachat d'une entreprise par ses dirigeants et/ou ses salariés, le financement étant assuré par des fonds d'investissement spécialisés et par endettement (le fameux « effet de levier »*).

LTCM (Long Term Capital Management). — Ce fonds d'investissement spéculatif américain a fait faillite en décembre 1999, provoquant une importante crise de liquidité* dans le système financier mondial. En effet, en face de quelques milliards de dollars d'actifs, il avait accumulé plus de 200 milliards de dollars d'engagements sur les marchés boursiers, essentiellement de taux d'intérêt.

M & A (*merger and acquisition*) et, par extension, *merger-mania*. — Caractéristiques de la « bulle TMT » (télécoms, médias, technologie), les fusions-acquisitions, orchestrées dans les années quatre-vingt-dix par les grandes banques d'affaires, ont été réalisées le plus souvent par échanges d'actions et plus rarement en *cash*, les opérations les plus importantes se chiffrant en dizaine de milliards de dollars.

Montage « déconsolidant ». — Structure juridique permettant de sortir du champ de consolidation d'un groupe une ou plusieurs de ses filiales

Nasdaq (National Association of Securities Dealers Automated Quotation System). — Bourse américaine entièrement électronique, où se cotent les valeurs dites « de croissance », notamment technologiques, de biochimie ou liées à Internet.

Notes de crédit. — Notes attribuées aux entreprises par les agences de *rating** sur la qualité de leur bilan (plus la note est mauvaise, plus le crédit coûte cher à l'entreprise).

OPCVM (organismes de placement collectif en valeurs mobilières). — Fonds d'investissements accessibles à tous les épargnants. En France, leur appellation dépend, entre autres, de leur taille : SICAV (société d'investissement à capital variable) au-delà de 15 millions d'euros d'encours et FCP (fonds commun de placement) en deçà.

OTC (*over the counter*). — Littéralement « par-dessus le comptoir », appellation américaine des marchés de gré à gré*.

***Private equity funds*.** — Fonds d'investissement en actions réservés aux investisseurs avertis, et spécialisés dans les entreprises non cotées.

***Pro forma*.** — Technique extra-comptable qui permet, lors d'une fusion-acquisition, de recalculer les résultats passés et le bilan d'un groupe dans sa nouvelle configuration. À cette occasion, les éléments exceptionnels tels que réévaluations, coûts de restructurations consécutifs à la fusion, frais d'audit et/ou de conseil, le plus souvent négatifs, sont généralement ignorés.

Proxy fight. — Dans le cadre d'une bataille boursière (offre publique d'achat ou simplement conflit entre managers), stratégie par laquelle la société hostile ou un groupe d'actionnaires tente de convaincre l'ensemble des actionnaires de voter en faveur d'une nouvelle direction qui lui soit favorable.

Put. — Option de vente (voir dérivés*).

Ratio Cooke. — Édicté en 1993 par le comité de Bâle (rattaché à la Banque des règlements internationaux), ce ratio prudentiel rapporte les fonds propres disponibles d'une banque à l'ensemble des crédits et autres emplois à risques qu'elle peut consentir. En substance, lorsqu'un banquier possède aujourd'hui 8 euros en caisse, il peut prêter sous diverses formes au maximum 100 euros à sa clientèle.

ROE (*Return on equity*). — Ratio de rentabilité financière, qui rapporte les profits annuels d'un groupe à ses capitaux propres (*equity*).

Salle de marché. — Salle informatique regroupant les intervenants (*traders*) sur les marchés monétaires ou boursiers d'une banque ou d'un investisseur institutionnel.

Saving and loans. — Caisses d'épargne américaines.

SEC (Securities and Exchange Commission). — Commission des opérations de Bourse américaine, chargée de la régulation des marchés financiers et de la supervision des opérations financières.

Securitization. — Tendance des entreprises à se financer par l'émission de titres plutôt que par des crédits bancaires.

Sell side. — Vendeurs, *traders** et analystes financiers, employés par les banques d'affaires et les *brokers** pour le montage de leurs opérations d'ingénierie financière (par opposition au *buy side*, pour les clients).

Shares buy-back. — Rachat en Bourse par une entreprise de ses propres actions.

SOA (*Sarbanes-Oxley Act*). – Promulguée par le Congrès américain le 30 juillet 2002 sous l'impulsion de la SEC* et à l'initiative des sénateurs Paul Sarbanes (républicain) et Mike Oxley (démocrate), cette loi a réformé en profondeur certaines règles de *corporate governance**. En particulier, elle a supprimé le contrôle des cabinets d'audit* par leurs pairs et créé une autorité de tutelle indépendante. Par ailleurs, elle oblige les P-DG et directeurs financiers à certifier les comptes sous serment, et prévoit des sanctions accrues notamment en cas de fraude.

Spread. — Surcoût par rapport aux taux d'intérêt du marché payé par une entreprise, selon sa notation financière établie par les agences de *rating**.

SPV* (*special purpose vehicle*). — Ces « structures d'allégement de bilan » sont des sociétés filiales créées par de grandes entreprises pour racheter des éléments d'actif ou de passif de leur propre bilan, grâce à un emprunt bancaire cautionné par la maison mère (cautionnement qui ne figure plus que « hors bilan »).

Stakeholder. — Ensemble des partenaires de l'entreprise (salariés, fournisseurs, sous-traitants, clients, mais aussi investisseurs institutionnels, collectivités locales ou ONG) concernés par son avenir à long terme.

Standard and Poor's 500. — Indice boursier reflétant les cours des cinq cents principales entreprises américaines.

Start-up. — Entreprise nouvellement créée.

Stock-options. — Options d'achat d'actions d'une entreprise exerçables à un prix (en principe préférentiel) et à une certaine échéance. L'attribution de *stock-options* aux dirigeants de l'entreprise vise à les fidéliser en les intéressant aux résultats.

Survaleur. — Voir *Goodwill**.

Tax havens. — Paradis fiscaux.

Taxe Tobin. — Projet de taxe sur les transactions monétaires imaginé en 1972 par l'économiste (et prix Nobel) James Tobin, afin de limiter la spéculation financière (1 600 milliards de dollars circulant chaque jour sur le marché monétaire international).

Teneurs de marché. — Opérateurs sur les marchés monétaires ou boursiers qui s'engagent à acheter ou vendre une certaine quantité de titres à un prix affiché, l'objectif étant de limiter la volatilité de ces marchés.

Titrisation. — Technique d'ingénierie financière qui consiste à transformer des actifs ou des créances en titres négociables, par l'intermédiaire d'une entité juridique *ad hoc* ; on peut ainsi « titriser » des crédits à la consommation ou des encours de cartes de crédit.

Trader. — Opérateur de salle de marché des banques et autres institutions financières, qui assure la bonne exécution des ordres des clients ou qui gère une position (*book*) pour le compte de sa firme.

TRI (taux de rentabilité interne). — Ce ratio financier se calcule en rapportant aux fonds propres le profit après impôt d'une entreprise ou d'un projet d'investissement.

UMTS (*universal mobile telecommunications system*). — Nouvelle technologie de téléphonie mobile, qui permet d'assurer le transport à haute vitesse non seulement de la voix, mais aussi des données multimédias (mails, photos, musique, etc.).

US GAAP (*generally accepted accounting principles*). — Normes définissant le plan comptable des entreprises américaines.

Value at risk. — Voir *Fair value**.

Vente à découvert. — Pratique consistant, pour un particulier ou un fonds d'investissement spéculatif (*hedge fund*), à emprunter des titres d'une entreprise pour les vendre sur le marché boursier ; l'objectif consiste à tenter de bénéficier des écarts de cours, à la baisse comme à la hausse.

Warrant. — Voir Dérivés*.

Write-off. — Perte comptable exceptionnelle, consécutive à l'arrêt d'une activité ou d'une filiale, et répondant à la nécessité de ramener à zéro la valeur de cet actif dans les comptes.

Table

II. Les chantiers du renouveau

BUSSIÈRE CAMEDAN IMPRIMERIES

GROUPE CPI

Composition Facompo, Lisieux.
Impression réalisée sur Cameron
à Saint-Amand-Montrond (Cher
en janvier 2003. *(2e tirage)*
Dépôt légal : janvier 2003.
N° d'impression : 030271/1.
Imprimé en France